JN106461

うつ病・
発達障害等からの
社会復帰に活用!
「障害年金」の
本当の使い方

土橋和真 著

セルバ出版

はじめに

「私はこのまま生きていてもいいのでしょうか？」

32歳、双極性障害Ⅱ型を10年患っているある女性の言葉です。でもこれは彼女だけの言葉ではありません。私が毎日多くの人から聞いている言葉です。

はじめまして、社会保険労務士・リンパ療法師の土橋和真《どばしかずま》と申します。私が開業したのは平成17年。障害年金を専門にしたのは平成24年から。当時はインターネットでも障害年金のサイトはまだ少なく、その中で私は「ある想い」を持って日本で初めて「うつ病等精神疾患専門」に特化したサイトを公開しました。そこから今年で丸8年となりました。この間想像を遥かに超える反響で、新規申請を累計700件以上、相談だけだとこの10倍は受けているので7～8000件以上になるでしょうか…。

冒頭の叫びは、「私はまだ生きたいんだ、何とかしてくれ！」とワラにもすがろうとする声に聞こえます。私はうつ病や発達障害で苦しんでいる方からの相談を来る日も来る日も受け続けています。

多くの方が「俺、働きたいんだけど身体が動かないんだ」、「私、家事をしたいんですけど家事も育児もできないのです」と悩んでいます。

特に、働き盛りで家計を支える大黒柱の会社員の方や家庭を預かる主婦の方々の、身体が動かないことへのもどかしさや苦悩は想像を絶するものがあります。

なぜなら、「私は何も社会の役に立っていない、こんな私は生きている価値はない…」という自責の念をもってしまうからです。自責の先にある最たるものは「死」です。精神疾患の病気の特性上、不安や怖れ、絶望の延長線上に希死念慮（消えてしまいたい気持ち）というものがあります。身体が動けなくなると、働けない。働けなくなると収入が減る。収入が減ると生活が回らなくなる。真面目で自責の念が強いうつ病の患者さんほど自分の無価値感に悩み、死への恐怖と日々戦っています。

私は医者ではないので病気を治すことはできません。しかし、社会保険労務士として収入減の不安を軽くするために、手続のサポートをすることができます。その手続とは、公的支援の中であまり光の当たらない障害年金という制度の利用です。

年金というと老後の年金が思い浮かびます。老後の年金は、高齢になって働けなくなったことに対する所得保障です。一方で障害年金は、現役世代で病気や怪我で働けなくなった際に生活を長期保障する制度なのです。

障害年金は最悪死をも覚悟した方への最後の砦と言える制度で、また、社会との接点を保つ意味でも非常に重要なものです。

事実、「障害年金があったから、前向きに考えられるようになった」、「経済困窮の窮地から脱出できました」など私のクライアントからたくさんの便りをいただいています。

障害年金については多数刊行されてはいます。本書では、うつ病等精神疾患を専門として700件以上の障害年金申請経験のある著者が、

・対象病名を、うつ病や双極性障害、統合失調症、発達障害の内容に絞り
・私のクライアントの受給事例や社会復帰していった方の事例を紹介し
・障害年金の価値的な使い方や主体的な治療の仕方

を実務経験の中から感じたことをまとめました。

手続方法に加えて実際に受給した方のその後や、段階的に社会復帰や病気の寛解まで達成した方々の事例も盛り込んだ点が特徴です。申請手続はオーソドックスな数パターンの解説に留め、複雑な申請方法は類書に任せることにしました。

病院での数分の診察の中では、自分の生活状況すべてを伝えることはできません。また、他の患者さんの治った事例など参考になる情報を医師から聞くこともありません。待合室で隣に座っている方は何年治療しているのか、よくなっているのか悪くなっているのかすらわかりません。医師の指示と処方に委ねるしかないのが現状です。

だから、障害年金の受給を機に病状がよくなり、実際に社会復帰した方の生の声は読者のあなたへの希望になる。そのために、私はクライアントの協力の元、掲載させていただきました。

また、私の数百件にも及ぶ治療現場での立ち会いの中で医師から見聞きした治療についての知見についても「主体的な治療方法」という一節を割きました。

本書は障害年金の手続だけではなく、あなたが社会復帰して、生き生きと自分の生活を送っていただきたいという想いから一歩踏み込んで執筆しております。

なぜなら、私は障害年金の申請サポートの依頼を受け、受給の決定をクライアントにご報告して経済苦の問題を解決したとしても、病気が治らない。このもどかしさを常に抱きながら、もっと私にできることはないだろうかと考えながら日々取り組んでいるからです。

千差万別の状況の中で、その答えを端的に出すことはできません。しかし、まずは「社会復帰をできた人がいるのだ、よくなった人もいるのだ」という声を届けたかったのです。また、数百件にも上る治療の現場に出入りして感じたことも参考になればと思います。

本書を手に取られたあなたが、あなた自身もしくは大切な人のために、障害年金の受給を契機に社会復帰への足がかりを掴んでいただければ著者としてそれ以上の喜びはありません。

さぁ、本書の扉を開いて一歩を踏み出しましょう。

2020年6月

社会保険労務士・リンパ療法師　土橋　和真

うつ病・発達障害等からの社会復帰に活用！「障害年金」の本当の使い方　目次

第2章　診断書の取得パターンと初診日の証明が取れないケースの対処法

第3章　精神疾患特有の5つの注意点と等級判定ガイドライン

第６章　社会保険労務士との関わり方

これだけは知っておきたい用語集

障害年金の手続では、役所の相談員が専門用語を使って一般の方に説明することが、申請を難しくしている原因になっております。

しかし、障害年金の手続は最低限の用語の理解をしていないと相当難航します。本書はあなたご自身またはご家族が手続を行う前提で書いているので、専門用語を可能な限り砕き、正確で細かな説明を端折って説明をしています。ただ、専門用語を押さえておかないとどうしても手続が進まなくなってしまうので、次の用語は確実に押えましょう。

・**初診日**：初めて医師の診察を受けた日。
・**障害認定日**：初診日から1年6ヶ月経過した時点で、障害状態を認定する日。初診日が10代の方は初診日から1年6ヶ月経過した日または、20歳の誕生日のどちらか遅いほう。
・**申請**：正確には申請することを請求と呼びますが、本書ではわかりやすく申請に統一する。
・**遡及請求**：過去（障害認定日）に遡って申請すること。
・**事後重症請求**：今後の分のみの申請をすること。
・**医証**：医師が作成する診断書や受診状況等証明書といった証明書。
・**受診状況等証明書**：医療機関が発行する、初診日を証明する書類。

・**診断書**：医師が作成する患者の病状を示す書類。障害年金では最重要。
・**現症日**：診断書の日付の1つで、いつの時点の症状で作成されたかということ。実際に通院された日。診断書作成日とは異なるので注意。
・**病歴・就労状況等申立書**：発病から現在までの病状の経過を患者側がまとめた書類。
・**納付要件**：初診日の前日において、規定の年金保険料を納めているかということ。
・**年金未納**：免除の手続などせず年金保険料を納めていない期間。
・**免除期間**：国民年金保険料の支払いができないときに、役所にて所定の支払免除の手続をし、免除の適用を受けている期間。免除には全額免除、半額免除、多段階免除、学生納付特例、納付猶予などがある。
・**額改定請求**：病状が悪化した際に上位等級を求める申請をすること。
・**支給停止の解除**：障害年金を受けて一旦支給停止された方がその後病状の悪化で停止の解除申請をすること（失権を除く）。
・**社会的治ゆ**：同じ病気で一旦病状が治って、その後再発の初診日にて申請を行うこと。

第1章

うつ病・発達障害でも受給できる障害年金

1　あなたのギリギリを救ってくれる障害年金という制度

障害年金とは

「自分の病気のことをネットで調べていたら偶然知りました」
「障害者手帳の用紙をもらいに行ったら、役所の方に教えてもらいました」
「同じ病気の友人の方から教えてもらいました」

このように障害年金という制度は医師以外のルートから知る方が多いというのが、相談を受けている私の実感です。

特にテレビでＰＲされているものでもなく、医師から積極的にすすめられるものでもない。

しかし、この障害年金という制度がどれほどの方の命をつなぎとめてきたのかを考えると影の存在なのではなく、むしろあなたのギリギリを救ってくれる最後の砦とも言える存在なのです。

では、障害年金とはどのようなものなのか。

障害年金は公的な年金の１つです。公的年金というと一般には老後の年金（老齢年金）が思い浮かびます。年齢を重ねて（現在の法律では65歳）働けなくなることへの所得保障です。「年金」というのは一時金と違って生活の長期保障という意味合いを持っています。

障害年金は、現役世代の間に病気や怪我などで障害を負い、働けなくなったり日常生活に大きな支障を抱えて収入が減ってしまう場合に保障してくれるものとまずは大きく認識しましょう。

公的年金は大きな視点で見ると「社会保険」です。

障害年金を受けられるのは

国の保険制度なので、誰でも無条件に受給できるものではなく、一定の条件を満たした方が対象になるわけです。

障害年金は一定の条件を満たしていれば、様々な病気や怪我で受給することができます。身体の障害をお持ちの方、がんの方、内臓や循環器系に障害をお持ちの方、人工透析の方、そして精神疾患の方も対象です。

このように広範囲の病気や怪我をカバーし、精神疾患も治療が長期化することが多いことから受給の対象とされています。

ただ、精神疾患については一部の病名では障害年金の対象にならない…という見落とせないポイントがあるので、こちらも第３章で改めて解説します。

働き盛りの会社員の方が、長時間労働や人間関係、パワハラなどで不眠や身体症状を自覚し、そのまま我慢して仕事をしていたら、会社に行こうにも身体が動かなくなった…そして専門医へ行ったらうつ病と診断された。

出産の前後を契機に、また嫁姑問題など家庭環境のストレスが原因で家事や育児が思うように行かなくなりご主人や家族のサポートを受けているという主婦の方。

このような方々も障害年金の受給は可能です。

ここ数年では、「生きづらさ」の問題から相談に来られる方が急増しています。会社員の方のヒアリングをしていると、まずは過重労働や上司のパワハラを起因にうつ状態になったことを訴えます。しかし、詳しくお聞きするとその原因となっていることは、
・社内でどのように意思疎通を取ったらいいかわからない、思ったことをすぐ口に出してしまう。
・複数のことを同時に言われるとパニックになる、また集中力がない。ケアレスミスをしたり、忘れ物が多く、期日を守れない。また、同じ習慣へ強いこだわりがある。
などという「特性」が原因になっている方が多いようです。

他には、従来型のうつ病の治療をしていたが、服薬治療の効果がなく検査をしてみたら発達障害が根底にあり、うつ病は二次障害であると診断される方も多い印象です。

大人の発達障害、最近は聞くようになった言葉ですが、いわゆる生きづらさという「病気」も障害年金の対象になるということです。

私のもとへ相談に来る方は、このようなケースのどれかであることがほとんどです。

本書を読んでいるあなたも、まさに私の事例と思っているのではないでしょうか。

このようにうつ病や発達障害などで仕事や家事に支障が出てしまっている方に対して一定の条件を満たすと障害年金が支給されるということになります。

2 障害年金の申請手続の流れ

障害年金の受給申請

まずは、障害年金の受給申請手続は、図表1のようになります。

① あなたの通院歴を思い出して整理し、初診日を特定する。

←

② 初診の医療機関にカルテが残っているかを電話や訪問で確認する（正確な初診日を確認する）。

←

③ 年金事務所、市区町村役場で初診日の前日時点における年金保険料の納付が足りているのか（納付要件を満たしているか）を確認する。

←

④ 納付要件を満たしていれば、書類一式を受け取る。

←

⑤ 初診日の医療機関に初診の証明書（受診状況等証明書）の依頼をする。

←

⑥ 医師に診断書の依頼をする。

←

⑦ 病歴・就労状況等申立書を作成する。

←

⑧ 戸籍全部事項証明書（戸籍謄本）などその他必要書類を集める。

←

⑨ 年金事務所、または市区町村役場に提出する。

←

⑩ 審査期間は約2～3ヶ月。

←

⑪ 受給が決定すると、年金機構からご自宅に年金証書が郵送される。不支給の場合は不支給または却下通知書が届く。

←

⑫ 年金証書が届いてから1～2ヶ月程度で最初の年金が入金。

←

⑬ 以後、2ヶ月に1度、偶数月の15日に2ヶ月分の年金が入金がされる。

〔図表１　障害年金の受給申請手続の流れ〕

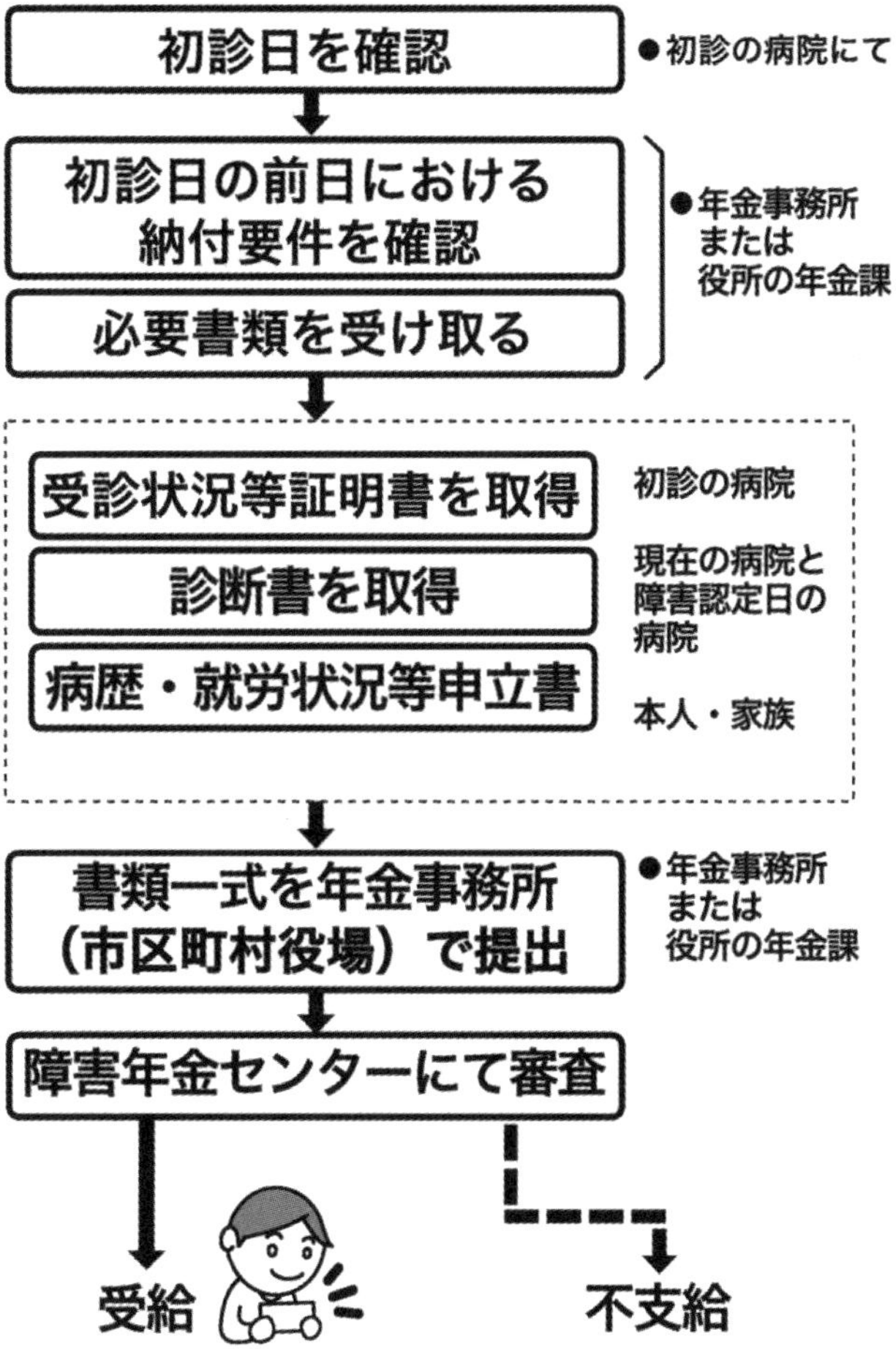

不備なくスムーズに進めばこのような流れになります。ただ、実際に手続を始めてみると、医師に書類の作成を依頼して受け取るまでに1ヶ月程度要することが通常です。書類に不備があると訂正作業に時間がかかります。さらに依頼する病院の数が多いと、その分さらに時間がかかります。

また、年金事務所でも提出された書類に間違いがないか慎重に判断するため、初回の相談から初診の書類のチェック、申立書のチェック、診断書のチェックなどのために都度、何度も足を運ぶ必要があります。

基本的に年金事務所や市区町村役場は平日の日中しか開いていないため、仕事のやりくりなども必要になってきます。年金事務所（街角年金相談センターも含む）によっては予約が必要なところもあるのでスケジュールの考慮も必要です。また年金事務所は混みあっていることが多いので自分で行く場合は、体調面の考慮も必要です。

役所や医師などの指摘による書類申請・再提出

ここまで慎重に手続を行ってみても、役所から次のような指摘を受けることがあるでしょう。

① 初診日と考えていた医療機関より前の通院歴の判明

② 診断書や受診状況等証明書などの記載の不備
（必要事項以外のほんの些細なことでも訂正を求められます）

③ 申立書と診断書の整合性が取れていない

このように障害年金の申請するには役所や医師など複数の人の関与が必要で、また少々の不備があっても書類の修正や再提出、追加提出などを求められることが申請を難しくしている原因の１つです。

3　代表的な2つの申請方法

申請方法は特殊なやり方を含めると数種類ありますが、自分で手続を行うとしたら出会う代表的な2種類をご紹介します。

①　障害認定日請求

障害年金の申請は、原則、初診日から1年6ヶ月を経過した時点（障害認定日）における障害の状態で決まります。この障害認定日時点で症状に該当する場合は、この障害認定日時点の診断書（3ヶ月以内のもの）を取得して申請手続を行います。

この障害認定日から現在まで1年以上経過している場合には、さらに現在の症状の診断書を追加入手します。もらい忘れの過去の請求をすることから遡求請求とも言います。遡求請求は何十年たっても行うことができますが、受け取れる年金額は過去5年分が限度となります。

よく「5年分もらえますか?」という質問を受けますが、正確には決定は障害認定日において行

〔図表２　障害認定日請求〕

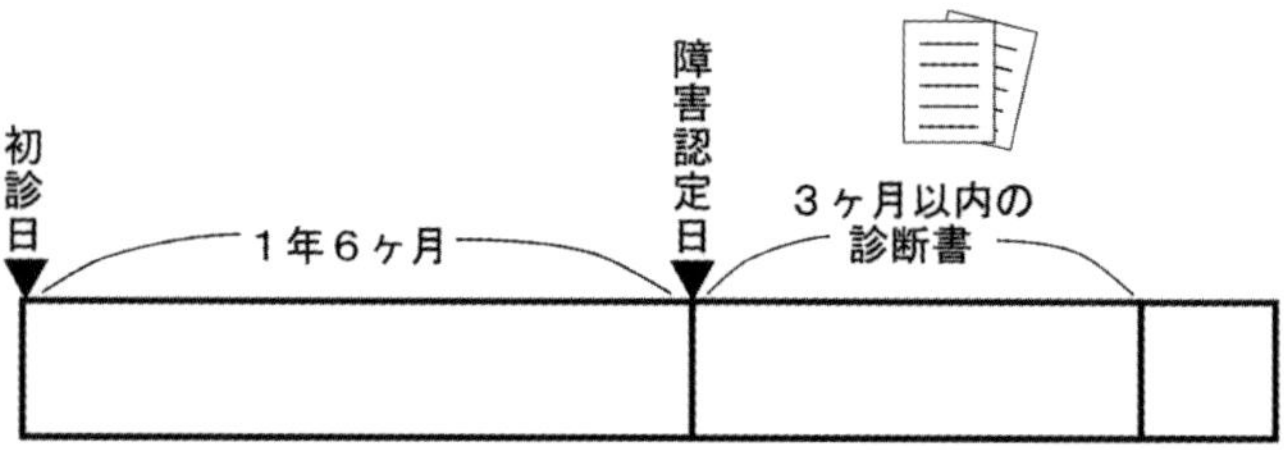

われ、支払いは何年遡っても過去5年分が最高ということになります（189ページの図表44参照）。

②　事後重症請求

障害認定日請求によらない申請方法を事後重症請求と呼びます。障害認定日請求との違いは、過去に遡らないという点です。申請する現在の診断書を1通入手して申請し、今後の分を受け取るということになります。役所の受付印の日付の翌月分からの支給（例えば10月31日受付の場合、11月分から受給）になるので申請が1ヶ月遅れると1ヶ月分受取額が減ります。

この方法は、障害認定日時点では障害状態に該当せず、その後病状が悪化した場合に申請するための制度です。しかし、実際には病状が軽い場合以外にも、障害認定日時点の診断書が次のような理由で入手できない場合も相当数あります。

・そもそも障害認定日時点（～3ヶ月以内）に通院していない
・障害認定日時点に通院していた医療機関自体が廃業した
・医療機関は現存するが、障害認定日時点のカルテが保存期間

〔図表３　事後重症請求〕

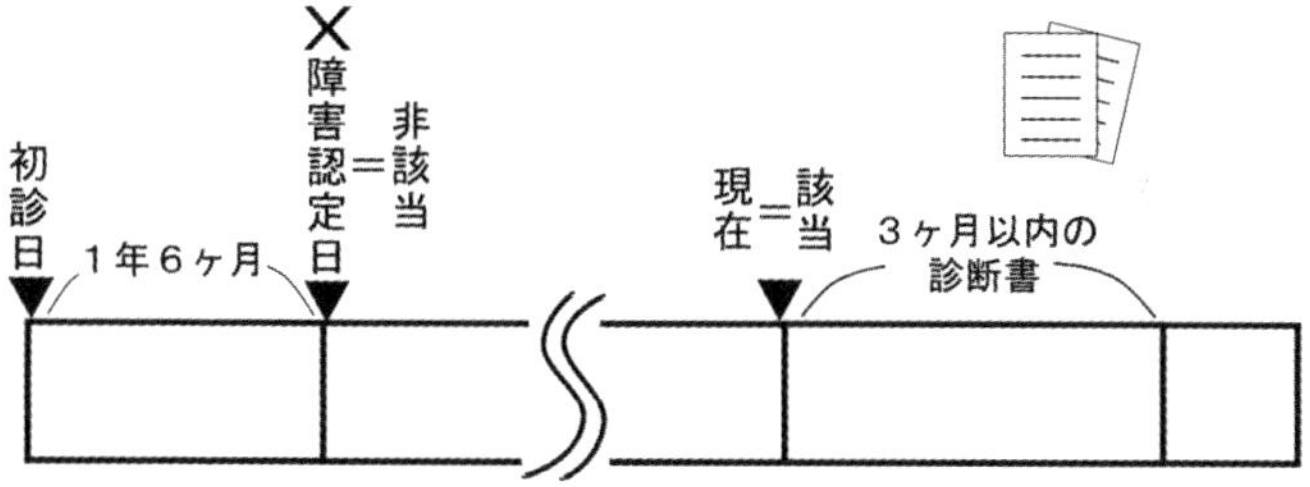

（5年）を経過して破棄された
・当時の医師がいないから、診断書を書けないと言われた
・当時のカルテはあるが病状の記録がほとんどないから書けないと言われた

診断書の提出

障害年金を受給するには、あなたの病状を示した診断書を提出しなければなりません。診断書は医師の記憶ではなく、医療機関に保存されている当時の「カルテの記録」から作成することになっています。診断書作成の元になるカルテが破棄されていると診断書を書いてもらうことができず、審査を受けることができません。このため、泣く泣く事後重症請求になってしまう方が後を絶たないのが実情です。カルテの破棄については最後の受診から5年経過後は各病院の対応となっており、どの病院にかかっていたのかという運に左右されることが、障害年金の欠点です。

特に通院期間が長い方ほどカルテが廃棄される可能性が高く

なるので、病院に早めに確認しましょう。

このように障害認定日請求ができない場合は、今後の分のみの申請をすることになります。

4 必要書類一覧

障害年金の申請書類

障害年金の申請には次のような多くの書類の提出が必要になります。

① 年金裁定請求書
② 受診状況等証明書
③ 診断書
④ 病歴・就労状況等申立書
⑤ 受取口座の通帳コピー
⑥ 精神障害者福祉手帳（所持していれば）
⑦ 年金生活者支援給付金請求書
さらに加算対象の配偶者やお子さんがいるときには、次のものが必要です。
⑧ 戸籍全部事項証明書（戸籍謄本）（マイナンバー連携されていないので省略不可）
⑨ 加算対象になる配偶者の課税証明書（マイナンバー連携されていれば省略可）

※遡求請求する場合に必要な場合あり
⑩　高校生の方は当該学年の生徒手帳コピー（ない場合は非課税証明書）
※申請書類一式をダウンロードできるＨＰをご用意しました。巻末読者特典ページからアクセスして入手してください。各種様式や障害認定基準などの資料、不服申立の申請書までご用意しました。

5　クリアすべき４つの要件とは

受給のための４条件

障害年金を受給するためには、図表４の要件を満たすことが必要です。

①初診日の証明をする

初めて受診した病院の日付（初診日）をあなたが証明する必要があります（図表５）。これまで同じ病院に通っている方は病院に問い合わせれば簡単にわかると思います。

病院を複数転院している方は、「申請する病気」で初めてかかった病院になります。最初は内科で不眠症などの診断で治療をした後、専門医をすすめられて心療内科などにかかりうつ病の診断となるケースは多いと思われます。

不眠症からうつ病の病歴であれば、うつ病の診断をした病院を初診日とするように役所から指

〔図表４　障害年金の４つの要件〕

障害年金を受けるための
４つの要件

① 初 診 日 の 要 件

初診日に年金制度に加入しており、初診日の証明ができること。

② 保 険 料 納 付 要 件

初診日の前日において一定の年金保険料を納付又は免除手続をされていること。

③ １ 年 半 要 件

初診日から1年６ヶ月以上経過していること。

④ 障 害 状 態 要 件

初診日から1年半時点（及び現在）において一定の障害等級に該当すること。

摘されるケースが最近増えています。不眠症状は典型的なうつ症状の１つではありますが、実際にうつ病としての治療を始めた所を初診とするという考え方のようです。

　内科で精神科での治療をすすめられて転院したケースでは、基本的には精神科にかかった日が初診日となります。役所からのお尋ね文書において、内科での治療（投薬の種類と目的）を聞かれたことがあり、実際に抗うつ剤などの処方が出ていれば初診日の認定が出ることは考えられます。

〔図表５　初診日はどこ?〕

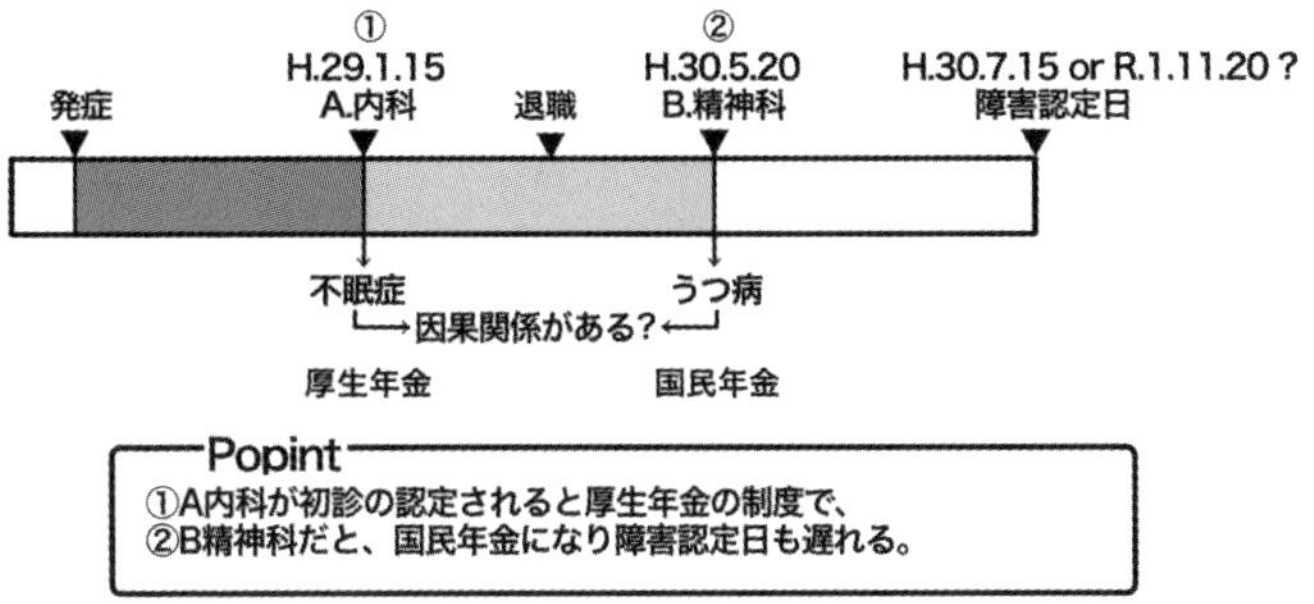
①
H.29.1.15
A.内科
②
H.30.5.20
B.精神科
H.30.7.15 or R.1.11.20？
障害認定日
発症
退職
不眠症
うつ病
因果関係がある？
厚生年金
国民年金
Popint
①A内科が初診の認定されると厚生年金の制度で、
②B精神科だと、国民年金になり障害認定日も遅れる。

ともあれ、まず初診日の証明を自ら行う必要があることと、審査の過程で初診日の変更を指摘される可能性があることを押さえておきましょう。初診日の変更を指示された場合の準備もあらかじめ想定しておくとよいと思います。用紙は受診状況等証明書という障害年金専門の様式を使用します。

②規定の年金保険料を払っている

障害年金を受けるためには「初診日の前日」において次のいずれかの納付要件を満たしていることが必要です（図表６）。

（ⅰ）初診日の前々月までの公的年金期間の３分の２以上の期間について、納付または免除の手続がされていること。

（ⅱ）初診日のある月の前々月までの直近１年間に保険料の未納が１つもないこと（直近１年要件）。

納付は、国民年金の納付期間や厚生年金期間もカウントされます。免除は全額免除や多段階免除、学生納付特例や

〔図表６　保険料納付要件〕

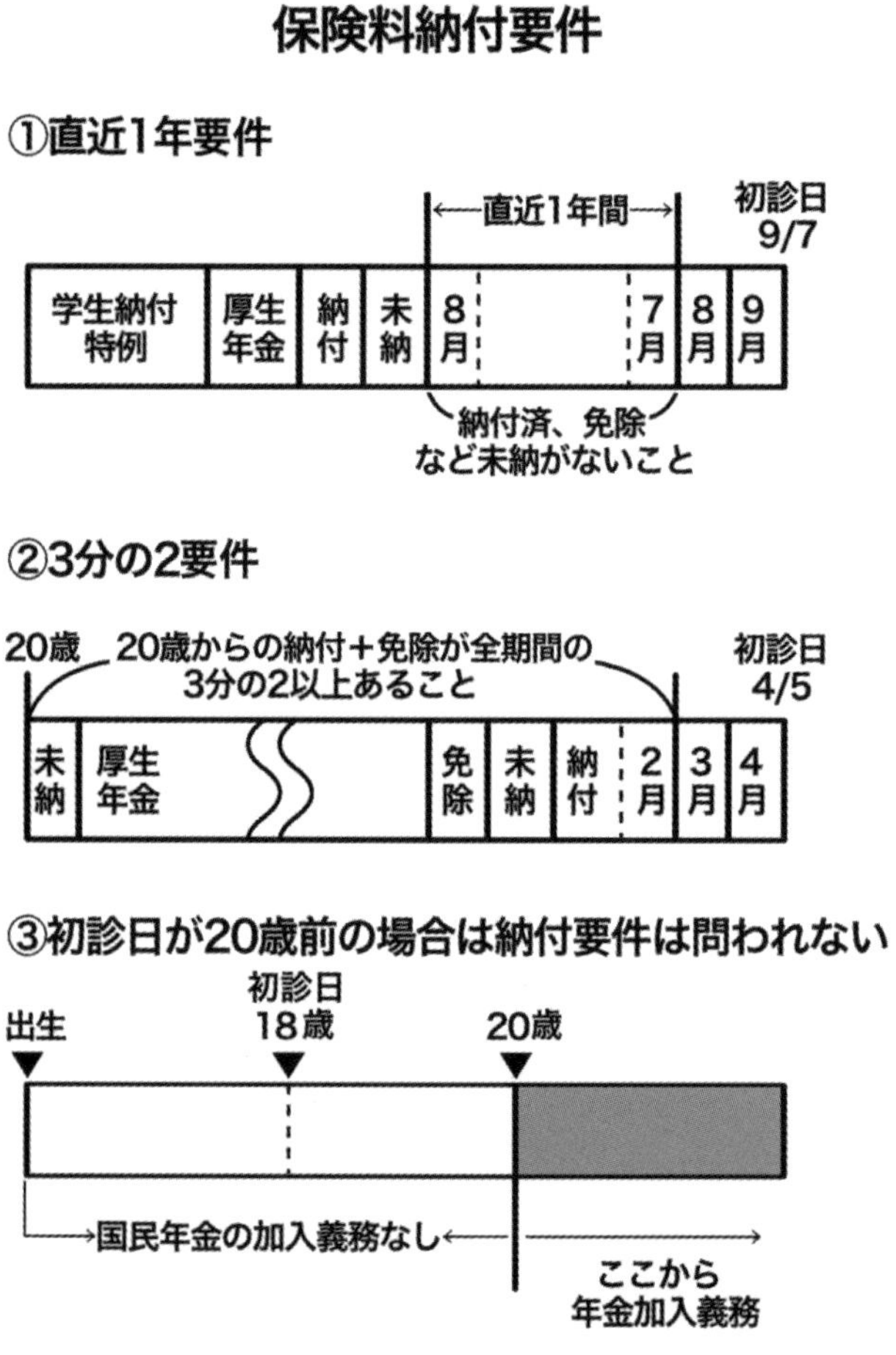
保険料納付要件
①直近1年要件
直近1年間
初診日
9/7
学生納付特例
厚生年金
納付
未納
8月
7月
8月
9月
納付済、免除
など未納がないこと
②3分の2要件
20歳
20歳からの納付＋免除が全期間の
3分の2以上あること
初診日
4/5
未納
厚生年金
免除
未納
納付
2月
3月
4月
③初診日が20歳前の場合は納付要件は問われない
出生
初診日
18歳
20歳
国民年金の加入義務なし
ここから
年金加入義務

納付猶予なども含まれます。

規定の納付が足りていれば、納付要件はクリアできます。実務的には、直近1年要件をまず調べて足りない場合は全期間の3分の2を確認する手順で行っています。

具体的には、初診日のメモと年金手帳を持って最寄りの年金事務所で確認をすれば相談員がその場で画面を見て判定してくれます。納付記録の画面コピーは入手しておきましょう。うつ状態などで外出が困難な方は、「年金ネット」の登録をしてこれまでの納付と未納の一覧を確認することができます。

ただし、この方法では年金の納付や免除手続された日まではわからないので、あくまで簡易的な方法と理解していただき正確な確認は必ず役所で行いましょう。

③初診日から1年6ヶ月以上経過していること

障害年金は病院を受診してすぐに申請できるわけではなく、初診日から1年6ヶ月以上経過していることが必要です。

1年半経過した時点を障害認定日と呼び、この時点における障害状態で審査されます（図表7）。この間コンスタントに通院していることが想定されますが、途中数ヶ月空いてしまっても、基本的には当初の初診日から数えることになります。

ただ、同じ病気で通院の空白が5年程度あり、この間病状が回復して日常生活やお仕事にも支障

〔図表7　障害認定日〕

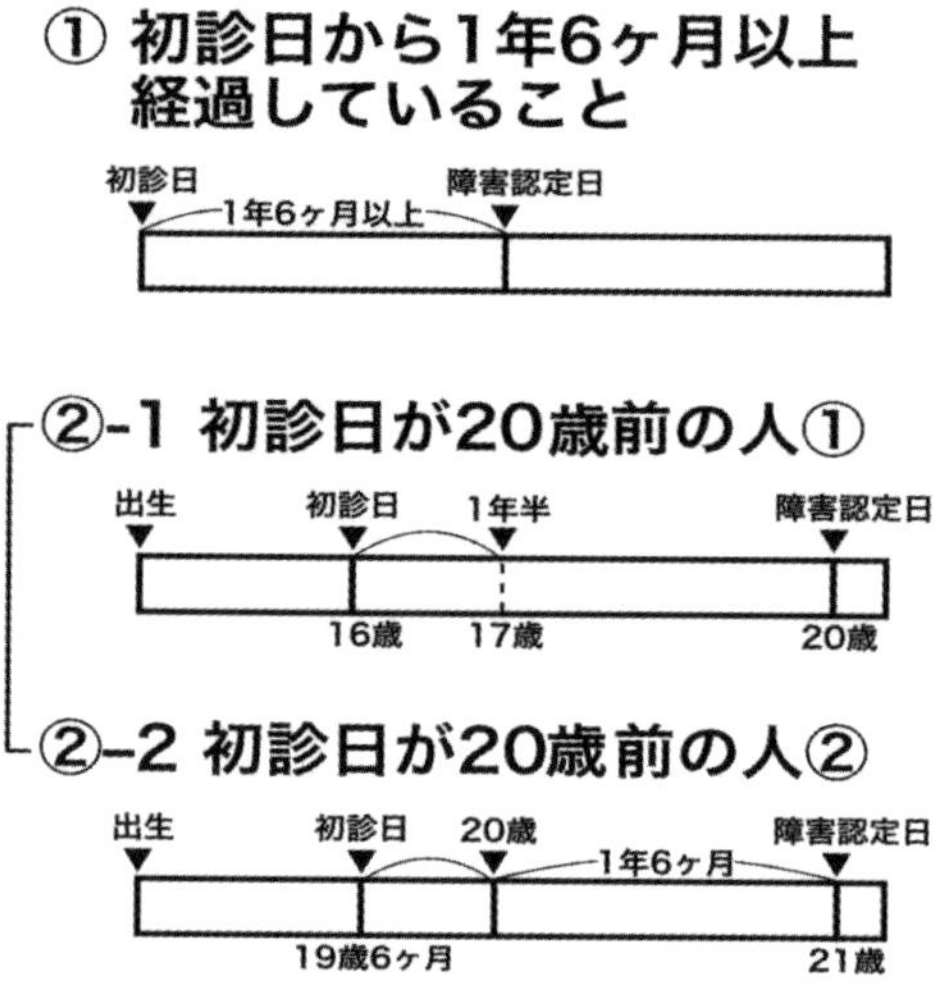
① 初診日から1年6ヶ月以上経過していること
初診日
1年6ヶ月以上
障害認定日
②-1 初診日が20歳前の人①
出生
初診日
1年半
障害認定日
16歳
17歳
20歳
②-2 初診日が20歳前の人②
出生
初診日
20歳
1年6ヶ月
障害認定日
19歳6ヶ月
21歳

※初診日が10代の人は、1年6ヶ月経過時と20歳のどちらか遅いほうが、障害認定日となる。

がなかった状況であれば、あえて一旦、初診日をリセットして再発の初診日から数えて申請するという方法もあります。これは社会的治ゆといいます（第3章のコラムを参照）。

初診日から1年6ヶ月経過していることが必要ですが、申請するには、この時点での診断書を入手する必要があります。あくまでも、医師の作成した診断書で障害の状態を判断することになるからです。

障害認定日から何年経っても申請することは可能ですが、長期間通院している方は障害認定日時点のカルテが残されているかという

〔図表８　障害等級〕

重い ⟵ 障害の程度 ⟶ 軽い

		1級障害	2級障害	3級障害
厚生年金	上乗せ年金（2階）	障害厚生年金 1級	障害厚生年金 2級	障害厚生年金 3級
		配偶者の加給年金	配偶者の加給年金	
国民年金	基礎年金（1階）	障害基礎年金 1級	障害基礎年金 2級	
		子の加算額	子の加算額	

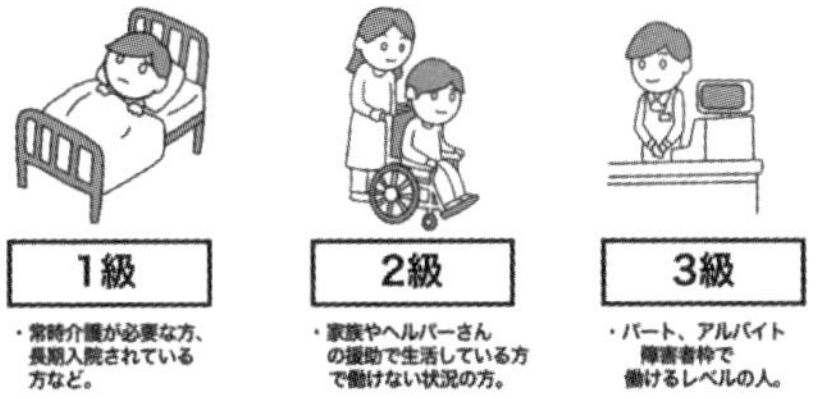

ことが、特に過去の遡求請求をするときに問題となってきます。

④病気の程度が既定の障害状態に該当している

障害認定日時点または現在の病状の程度が、障害認定基準に規定される障害状態の程度に達している必要があります。

障害の等級は初診日に加入していた年金制度によって違いがあります（図表８）。

◆障害基礎年金（国民年金）の方は、１級又は２級

◆障害厚生年金（厚生年金又は共済年金）の方は１級から３級

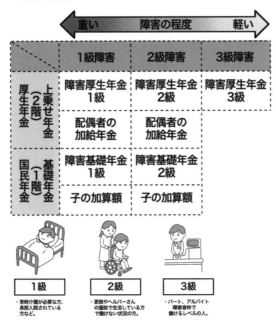

6　私はいくらもらえるのか

障害年金額

障害年金額は、初診日に加入していた制度（国民年金・厚生年金・共済年金）と障害等級（1〜3級）によって違いがあります。図表9のように国民年金よりも厚生年金（共済年金）加入のほうが、また症状の程度が重いほうが金額が高くなります。また、加算対象の配偶者や子がいる場合には、さらに金額が増えます。

※年金額は毎年物価変動などに応じて数百円程度変動するので概算で載せております。その年の正確な金額は日本年金機構のＨＰよりご確認ください。

7　提出した書類ですべてが決まる

審査の9割以上は診断書の内容で決まる

障害年金を認定は対面や電話審査などは行わず、すべて書類審査です。対面や電話などで審査が可能であれば事細かに病状や生活の支障を伝えることができます。

しかし、書類審査では書類に書かれた内容のみで判定されることが大きな特徴です。

〔図表９　障害年金額〕

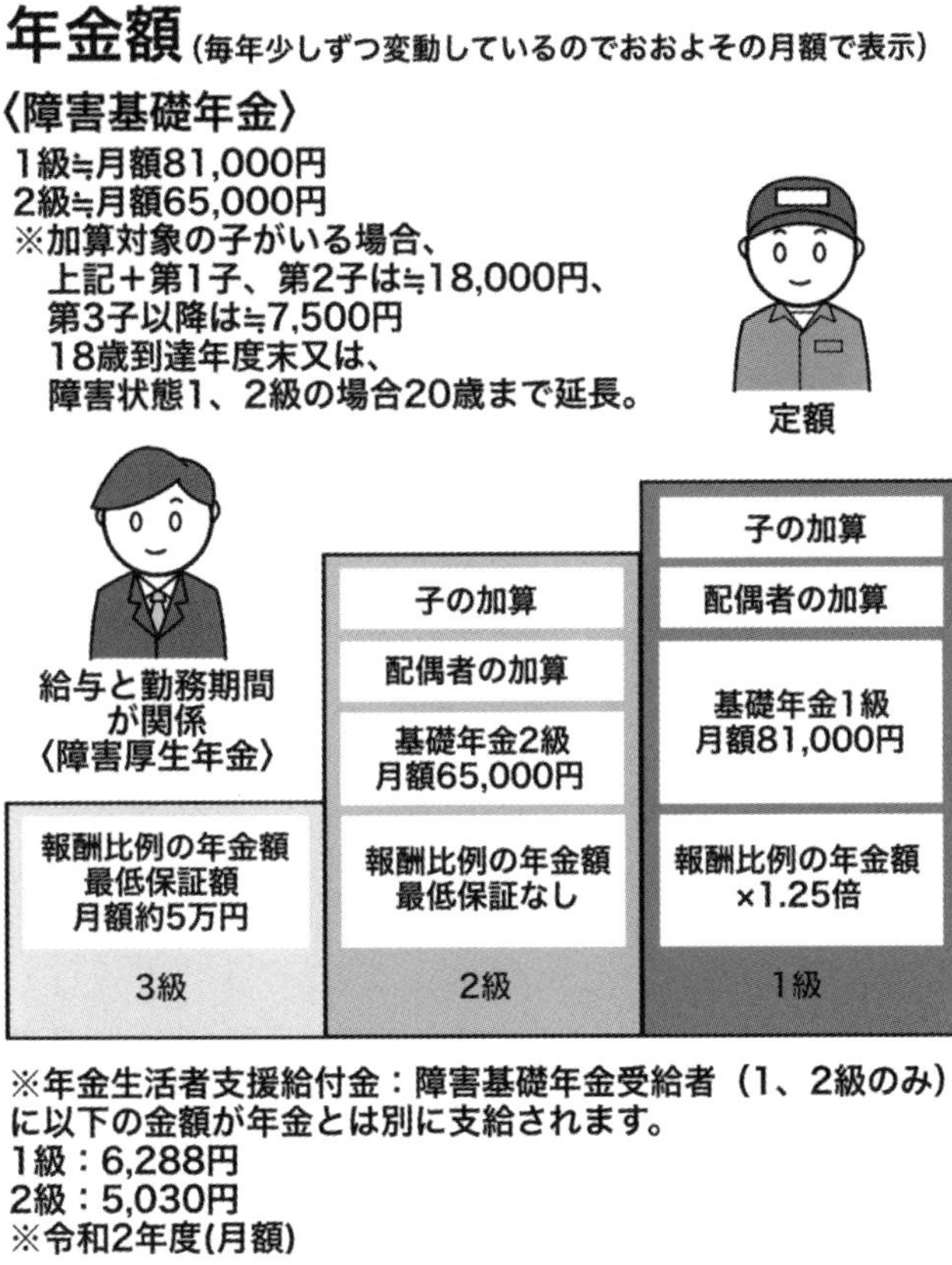
年金額（毎年少しずつ変動しているのでおおよその月額で表示）
〈障害基礎年金〉
1級≒月額81,000円
2級≒月額65,000円
※加算対象の子がいる場合、
上記＋第1子、第2子は≒18,000円、
第3子以降は≒7,500円
18歳到達年度末又は、
障害状態1、2級の場合20歳まで延長。
定額
給与と勤務期間が関係
〈障害厚生年金〉
報酬比例の年金額
最低保証額
月額約5万円
3級
子の加算
配偶者の加算
基礎年金2級
月額65,000円
報酬比例の年金額
最低保証なし
2級
子の加算
配偶者の加算
基礎年金1級
月額81,000円
報酬比例の年金額
×1.25倍
1級
※年金生活者支援給付金：障害基礎年金受給者（1、2級のみ）
に以下の金額が年金とは別に支給されます。
1級：6,288円
2級：5,030円
※令和2年度(月額)

審査の9割以上は診断書の内容で決まってしまいますが、診断書にあなたの病状が過不足なく盛り込まれていないと、役所に誤解を与えることになります。現場では、実際の病状よりも診断書が重く書かれることはまれで、軽めの内容で書かれていることが多いように思います。

それは、医療現場の診察時間や医師と患者とのコミュニケーションが原因です。

多くの病院での診察時間は5分程度と短いです。主に前回からの体調の変化や、お薬の効き具合を確認して投薬の調整することで終わってしまっていることでしょう。

また、患者も待合室が混みあっている状況であまり時間をかけたら申し訳ないという気持ちもあり、短時間で済ませてしまうことも一因です。

障害年金の申請を意識していない段階ではそれでも構いません。しかし、いざ障害年金の診断書を医師に依頼する段階で、普段のコミュニケーション不足が露呈します。

診断書の中でも「日常生活能力の判定や程度」の点数で大枠が決まってしまいますが、短時間の診察では、自宅での様子や生活状況が医師にほとんど伝わっていないことが問題を起こします。

診断書はカルテ（診療録）を元に書くという決まりになっています。しかし、そのカルテに肝心な生活状況が書かれていることはほとんどありません。

「先生は話を聞いてくれない」、「言っても無駄だから適当に流しておこう」などと考えて、診察で「特に変わりありません」と伝えているケースが多くあります。

すると、患者の態度は医師に伝わってしまいますので、医師もカルテに「変わりない」と書かれて、いざ診断書の相談をすると、「あなたは軽いから対象にならない」、「書けない」などと言われてトラブルになるケースが多くあります。

現在の生活状況が伝わっていないのであれば、診断書をお願いする段階できちんと伝えることで診断書に反映してもらえるケースもあります。大きな問題となるのは過去の遡及請求をする場合の診断書です。過去の請求をする場合、５年前、10年前の症状で申請することも珍しくありません。

しかし、今は違う病院へ行っていたり当時の主治医がいないケースも多々あります。

この場合、今いる医師が「当時のカルテ」に記載されている病状や就労状況、日常生活内容から診断書を書き起こすことになります。「変わりないです」などとカルテに残っていると、診断書も「軽い」内容になってしまうことが非常に多いのです。

「当時は調子が悪かった」と話す方もいますが、後になってから当時の状況を医師に伝えてもそれを診断書に盛り込んでもらうことはできません。あくまで当時のカルテの記録を元に書くルールになっているからです。

必要なことを正しく書いてもらうには、日頃から生活状況や就労状況などを限られた時間の中で、医師に細かく伝えてカルテに記録してもらうことが大事です。医師の機嫌や待合室の状況などが気になる場合は、生活状況のメモを書いて手渡すのも有効でしょう。

また、診断書には病状以外にも形式的な記載項目が多々あり、内容に不備があると、役所の窓口ですぐに突き返されます。仮に窓口を通過しても審査過程で戻されることも何度もあるくらい審査は細かいのです。

最難関の書類―病歴・就労状況等申立書

その他、あなたが作成する書類として、病歴・就労状況等申立書（以下、申立書）というものがあり、申請者が作成する書類としては最難関です。

発病から現在までの病歴を書くことになりますが、これは通院する医療機関ごと、一定の期間ごと（約3年ごと）に書いていきます。

うつ病や双極性障害などの方は発症からのエピソードを書きますが、発達障害や精神遅滞の方は生来性の病気とされているため、出生から現在までのエピソードを書かなければならず、非常に申請者を苦しめる書類です。

ただ、書類審査の障害年金において唯一あなたが自分の症状をアピールできる書類でもあるので有効に活用したいところです。

審査の実情は、診断書が9割以上のウエイトを占めているので、申立書は感情的にならず的確に作成する必要があります（書き方の注意点は第2章参照）。

病状の判断に関わる書類は、診断書と申立書の2点で、その他は形式的なものになります。住民票や課税証明書は、役所のネットワークにつながっている方は基本的に提出しなくてよくなりました。戸籍謄本は省略できない書類なので、加算の申請をする方は取得する必要があります。書類の有効期限に注意してください（障害認定日請求では提出以前半年以内、事後重症では1ヶ月以内）。

すべての書類の作成、収集が終わりましたら年金事務所などへ出向き申請します。役所の窓口ではあなたの病歴に沿って書類が揃えられているか、形式的にチェックを行って必要な書類がそろっていれば受理をします。受理印を押した申請者控えを交付してくれます。なお、受付窓口で病状内容や等級に関わる判断はしてくれません。審査期間はおよそ提出してから2～3ヶ月程度です。

共済組合の方

共済組合の方は少し特殊で、所属していた各団体に電話連絡して必要書類を取り寄せ、本書の手順で書類の収集を行ったら、各団体に郵送して提出することが一般的です。

審査も各団体において国民年金や厚生年金とは違った独特なやり方や考えがあり、結果が出るまで半年や、団体によっては1年以上かかるところもあります。ゆとりをもって手続をしてください。

8　あなたはどの年金制度？

あなたはどの年金制度に加入していたか

どの制度で障害年金を申請するかは、図表10のようにあなたが初診日の時点に加入していた年金制度で決まり、その後転退職して年金制度が変わってもそのまま固定です。

〔図表10　あなたはどの年金制度?〕

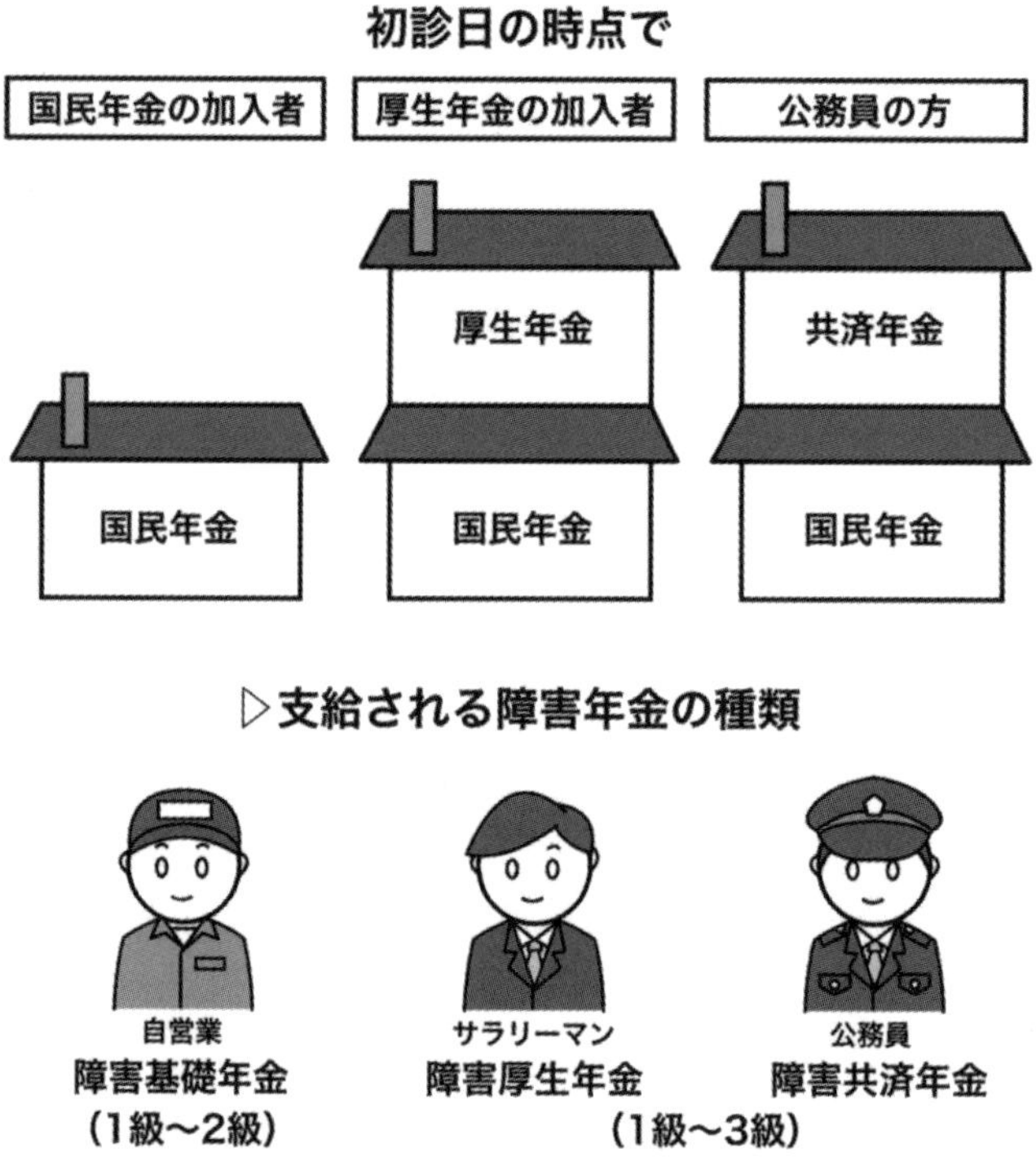

初診日の時点で
国民年金の加入者
厚生年金の加入者
公務員の方
厚生年金
共済年金
国民年金
国民年金
国民年金
▷支給される障害年金の種類
自営業
障害基礎年金
(1級〜2級)
サラリーマン
障害厚生年金
公務員
障害共済年金
(1級〜3級)

9　障害年金の申請を決意したらまずやること

下準備で受給の可否や等級決定の９割が決まる

それでは、あなたが障害年金の申請を思い立ってから行うべきことについてお話します。

障害年金の申請は下準備で受給の可否や等級決定の９割が決まります。手続の流れを見ても、「要は役所から受け取った書類を医師に書いてもらって出せばいいんでしょ？」ってことになると思います。その通りですが、下準備しないで集めた書類との差は「不備」の多さに現れてきます。

形式的な不備だと役所を何往復すれば解決できるかもしれません。ただ、病気を抱えている方にとってはこれだけでもかなりのストレスになると思います。

さらに、「病状」の軽重も下準備１つで変わってきてしまうので注意が必要です。受給の可否や等級も変わってしまう可能性があるのです。

下準備のポイント

それではどんな下準備をしていけばいいのでしょうか。

①　通院歴を正確に収集すること。

最初に行うべきことで最も重要な作業です。同じ病院に通院している方はすぐに終了しますが、転院回数が多い方や病歴が長い方ほど大変な作業になります。この通院歴は診断書の記載項目でもあるので、事前にまとめておかないとちぐはぐな診断書になり、訂正対象となります。

情報収集をすることは病気を抱えている方にとっては大変な作業ですが、診断書を作成する医師にとっても情報が足りないと作成する上で大きな負担となってしまいます。

もちろん、正確な通院歴の把握は、初診日を特定することや遡求請求の可能性を探る上でも大切な作業です。

② 病状のメモをつくっておく。

診断書における病状の軽重は医師がカルテを元に判断しますが、短時間の診察で伝えきれていないことやご家庭での様子をあらかじめメモにして医師に渡せるようにしておくと有効でしょう。

③ 学歴や職歴、家族構成、就労状況なども事前にメモをつくっておく。

これも診断書記載項目だからです。医師は病状以外の細かいことを把握していないことが多いので、下準備したい内容です。

④ 医師も診察の合間やお休みを返上してあなたの診断書を書いてもらう。

何も事前資料がないとカルテをすべて見て書くことになり相当負担が生じます。また、必要項目の記載漏れがあってやり直しの対象になることもよくあります。

⑤ 就労歴をまとめておく。

特に発症から現在までの就労歴を、過去の履歴書や厚生年金の加入歴を参考にしながら事前にまとめておくとスムーズです。

特に何年も前の遡求請求を行う場合は、その時点での就労状況で結果が左右されることがあります。障害認定日前後就労していたかということも確認しておきましょう。

年金受給事例①　大阪在住Yさん（30歳女性）双極性障害
3度目の挑戦でようやくの障害年金受給

Yさんから相談を受けたのは平成27年11月のことであった。手続を自分で途中まで進めているところからの相談。診断書のチェックや申立書の作成などから関わることとした。

Yさんは単身生活をしており、申請当時まだ都道府県ごとの審査で地域による認定の差があった時期であった。

当時の大阪の認定は単身暮らしの方への認定が厳しく、仕上がった診断書は現在のガイドラインでいうところの「2級又は3級」というボーダーラインの判定であった。Yさんが受給できるかどうかは、単身暮らしができているか否かの1点であると考えた。そこで自宅での生活で困っていることを申立書でできる限り表現して提出するも1回目は不支給となった。

Yさんは幼少期にかなり辛い境遇であった。中学時に母を病気で亡くし、続けざまに父を火災で亡くした。以後、サイレンの音を聞くとフラッシュバックするトラウマの症状が現れ、うつ状態になっていった。1人の友人から声がけや差し入れなどの提供を受けながら単身で暮らしていた。

またベーチェット病という難病も患い、内科で6年ほど両方を診てもらっていた。医師のすすめで平成26年からB大学病院へ転院して約2年後障害年金の申請となった。1回目の不支給に対して知人の陳述書などをつけて不服申立てを再審査請求まで行ったが、結果はやはり単身生活が成立していることを理由に認められなかった。

この間1年半近くかかったので、その間にYさんの希望で1回目の申請から約半年ほど空けた平成28年9月に再度申請をした。この際、私も医師の許可を得てB病院に同行して医師に症状の確認などを行った。

このとき私が違和感を感じたのは、診察時に医師の周りに5~6人ほどの研修医が取り囲んでいたことであった。聞いてみると毎回このような診察であるという。医師も役職付きの男性で威厳があり、取り囲む複数の研修医も委縮しているような雰囲気でとても相談したいことを伝えられないと言っていた。ただ、Yさんにとって精神科はここが初めてでこんなものだろうと思っていたという。転院希望もあったが気力もなくそのまま治療を続けていた。

そこで、私が治療環境を変えることをすすめて大阪府内で相談しやすい病院を紹介した。この間2回目の申請も不支給となった。抑制症状が強く、転院まで半年以上かかったが無事転院。医師との相性もよく、私も安堵した。平成29年5月に3度目の申請で、ようやく2級の受給が獲得できた。

初回の相談から受給決定まで実に1年9ヶ月近く要した。

その後、ベーチェット病の悪化も相まって翌年5月に額改定申請（上位等級への見直しの申請）をしたところ1級となった。

この間の生活状況が非常に厳しく、私も「生活保護しかないのでは？」と何度かお話したが、頑なに断り障害年金に賭けていた。Yさんはまだ20代で若いのに、自分の確たる意思を持ち、お話を聞いている私のほうが励まされてしまうのである。話を伺ってみた。

土橋：障害年金はどのような経緯で知り、当時どのような印象をお持ちでしたか？

Yさん：ベーチェットで入院している同室の子から聞きました。経済危機を感じていた私にとっては最後の砦のような存在でした。無我夢中で調べながら手続を始めました。

土橋：途中自分で申請することを断念して私に相談いただきましたが、その経緯は？

Yさん：役所の方の言うことが二転三転するんです…あと専門用語が多すぎて思考停止してしまったので、専門家にお願いしなければと考えた次第です。

土橋：申請前に診断書を見て受給の確率は半々ですと伝えて、結果不支給になってしまいました。この頃の心境はどんな感じでしたか？

Yさん：考え方についてはポジティブな私でも流石に「絶望」の一言でした。先生も書けるだけ書いてくれたと言っていたので…。

土橋：不服申立ても認められず、この間2回目の申請も行ってこちらも同程度の内容で不支給。

どのような心境でしたか？

Yさん：ベーチェットの治療もお金がかかるし経済的には崖っぷちで足を踏み外して片手で捕まっているような感じです。「もういいや」って少しでも思った瞬間落ちてたと思います。精神的にも極限状態だったと思います。

土橋：Yさんは思考運動制止の症状で自宅での身の回りのことなどは端折って滞りがちということですが、前向きでメンタルの強さが際立ち、どうしてそこまで強く生きられるのだろう？といつも思います。その強さはどこから来ているのですか？

Yさん：自分の身に起こっているすべてのことは「試練」だと思うんです。そりゃ、落ち込むことは幾度もありますけど、前向きに考えて行かないととてもやってられないんです。私はベーチェットという難病でシコリができる度に身体にメスを入れて取り除いています。有効な治療法がないので切って取るしかない。何度も同じ箇所を手術しているので縫い合わせる皮膚ももうないくらいなんです。同じ病気で諦めて自死を選んでしまう人もいるけど、私はすべての出来事に意味があると思っているんです。強さというか、自分の親がルーツだと思っています。中学生当時に両親とも亡くなってしまいましたが、病気がちな母は私と弟のために必死に生きている様を私たちに見せてくれました。親から教えられたことを、生きていることを無駄にしたくない、そんな心境だと思います。

土橋　：障害年金がダメなら生活保護を…周囲から何度も言われたと思いますが、なぜ踏み止まったのでしょう？

Yさん：私は元来、人に甘えるということが苦手なようです。弱い面を見せられないというか…。

土橋　：この間の生活はどうしていたのですか？

Yさん：片っ端からモノをメルカリで売って日銭を稼ぐことで何とかしていました。

土橋　：3度目の申請でようやく受給の決定、どんな気分と、どんな心境でしたか？

Yさん：真っ暗闇に希望の光が差した、そんな気分と、メルカリで売るものがなくなっていたので助かったという気分です（笑）。障害年金のおかげで人生もっと頑張ろうと思いました。ズタボロの身体でも人生楽しんだもの勝ちと思っていて、今は私に関わってくれたすべての人が幸せになってほしい、そのように思っています。明日生きているかわからない日々で毎朝目を覚ますと、今日も生きているんだ…と日々感謝としか言いようがありません。

このYさんのケースのように2回、3回かかって受給を獲得する方は、かなりの数にのぼります。実態は単身暮らしに相当支障が出ていてもそれを診断書で的確に表現できないと、書類審査である障害年金では認めてもらえないのです。

診断書の評価点が当落線上だったので、申立書にかなり細かい記載をしたり友人の陳述書をつけてもやはり診断書が重視されて受給できませんでした。不服申立てを行っても覆せず、やはり「一発勝負」と言われてしまうゆえんです。

3回目の出し直し審査でようやく受給できましたが、それは転院先の医師の評価点が前医の評価と異なる判断をしたからです。

この間1年半以上もの間、手続に関わることへの精神的負荷、経済的困窮を考えるとよくここまでYさんは耐えてくれたとしか言いようがありません。Yさんから諦めずに力強く生き抜くことを私は教えてもらいました。

第1章のまとめ

◆障害年金はうつ病や発達障害などの精神疾患も対象になる。
◆公的年金の制度なので一定の条件を満たす必要がある。
◆障害年金はすべて書類審査。必要書類を病院などから有償で自力ですべて集めなければならない。
◆申請の決意をしたら、初診日の特定からすべてが始まる。
◆煩雑な手続をスムーズに行うためには下準備が重要である。

コラム①　診断書代について

医師の診断書は自由診療扱いなので病院によって料金はまちまちです。私が現場で見てきた感覚では、大きい病院は割と安く、街中のクリニックは高い。また、都市部は高く、地方は安いイメージです。大きな病院では概ね１通５０００円程度、街中のクリニックは８０００円～１万５０００円くらいです。お願いする患者からすると、診察代と比べて高い感覚ですが、医師からすると感覚が異なります。医師が障害年金の診断書を作成するには、今までのカルテをすべて読み返してから書くので、おそらく１通１時間では終わらないでしょう。

しかも、診察中は書けないので必然的に診察の合間か終わった後、または休診日に書くことになります。お休みを削って１万円というのは「割に合わない」と医師が感じるのも一理はあると思います。したがって、まず診断書の作成に関して医師と患者にギャップがあることを理解しておきましょう。その上でお休みを潰してまで診断書を書いてもらっていることに感謝の念を持ってお願いすることが大事です。医師も人間ですから…。

精神科・心療内科医は１人５分程度でも１日何十人もの患者さんと向き合い、相当のエネルギーを使っています。さらにその合間に診断書を書いてくださるのはとてもありがたいことです。ビッシリと書いてくださる先生の診断書を拝見すると私は感謝の気持ちでいっぱいです。

したがって、依頼する患者も医師が書きやすいように事前に情報提供をして負担を減らしてあげることが重要です。多くの医師が丁寧に対応してくれます。

一方で、障害年金の診断書を「書かない」という方針の医師や病院にいくつも当たりました。「欲しければ他に行ってください」とすら言われたこともあります。このような場合には現在の医師からの診断書取得は、どんなに生活状況を伝えてもうまくいきませんので、残念ながら転院を視野に入れるほかありません。

一般論ですが、このタイプの医師は診察自体が早ければ数秒で終わり、日常生活状況のことなど何も聞いてくれない方が多いのが特徴です。

その上、処方薬は多いので、「こんなにお薬を何年も出されていて症状がよくならないのに、何で書いてくれないの？」とこれまでの長期間の療養生活を否定された気分になってしまう方が多いです。そこで信頼関係は一気に崩れてしまうことが少なくありません。

今まで見た診断書料の最高額はなんと1通4万円です。そこの病院は常時座りきれないほどの患者であふれかえっており、診断書を書く暇もなく、おそらく料金を上げることで間接的に申請しにくくしているのかとも考えられます。完成した診断書も不備だらけで4万円の内容からは程遠い印象でした。内容と金額は必ずしも比例しないという印象です。

私の実感では、診察時における患者への対応の態度そのものが診断書にも表れています。丁寧な診察をしている医師は文書の作成も丁寧です。

第2章

診断書の取得パターンと初診日の証明が取れないケースの対処法

1　診断書1通のパターン

診断書1通で申請できる場合

入手する医証が、診断書1通のみのパターンです。

次の2つのケースが考えられます（図表11）。

① 障害認定日請求

1年6ヶ月経過したばかりで同じ病院に通院している方。障害認定日から3ヶ月以内の症状の日付で作成してもらいます。

また、障害認定日から1年経過するまでは、この診断書1通で申請ができます。

② 事後重症請求

通院歴は長いが同じ病院に継続して通院している方で、障害認定日時点では就労していたり、症状が軽かった方がその後悪化して現在の症状で申請するケースです。この場合も1通の診断書で足りますが、この有効期限が申請日から数えて3ヶ月以内になります。

※診断書作成日からではなく、現症日からなので注意が必要です。

※この診断書が初診日の証明書も兼ねるので、重ねて受診状況等証明書を取得する必要がありません。

〔図表11　診断書１通のパターン〕

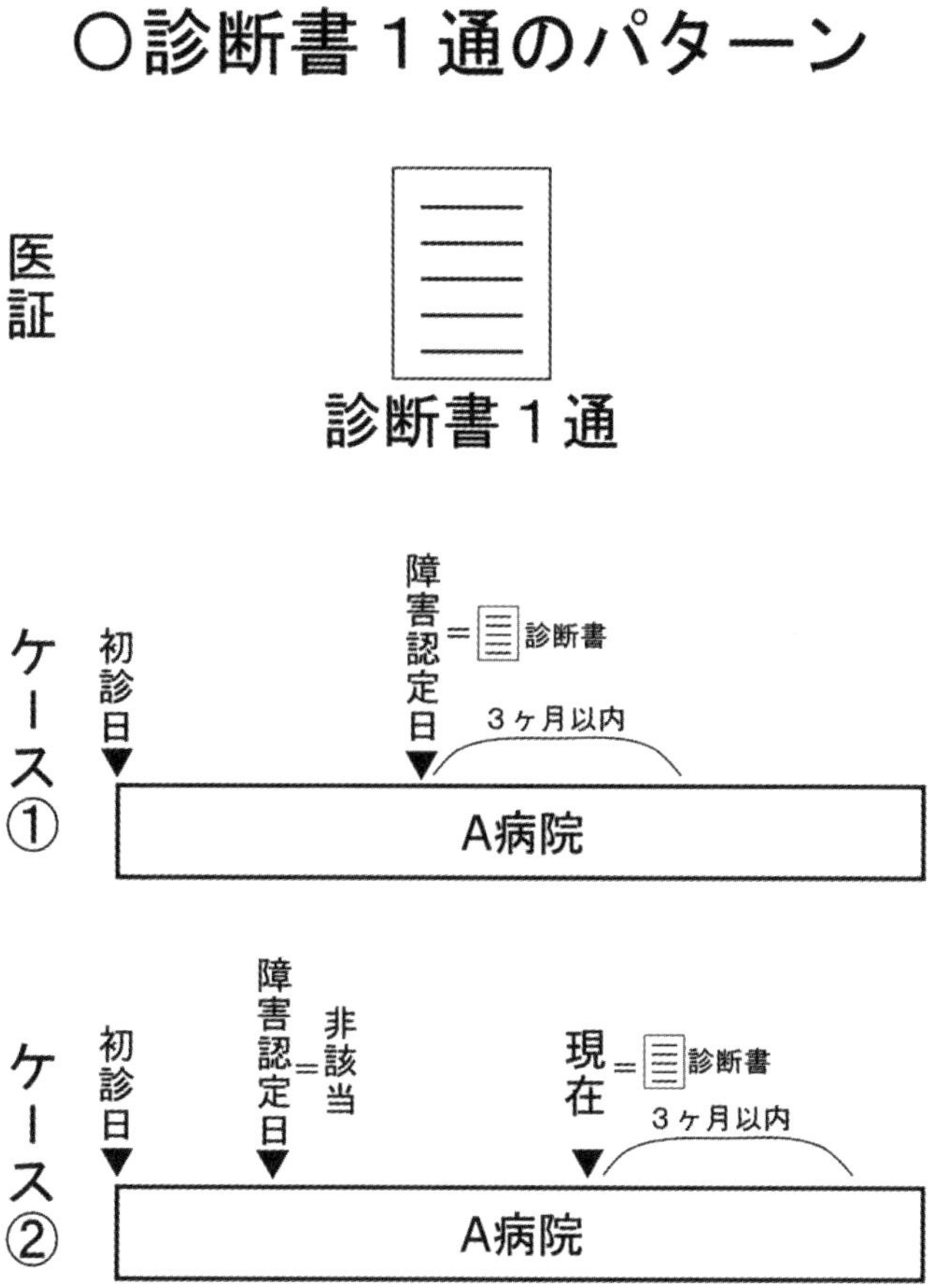
○診断書１通のパターン
医証
診断書１通
ケース①
初診日
障害認定日
＝ 診断書
３ヶ月以内
A病院
ケース②
初診日
障害認定日
＝非該当
現在
＝ 診断書
３ヶ月以内
A病院

2　診断書2通のパターン

診断書2通で申請する場合

続いて、入手する医証が診断書2通のみのパターンを紹介しましょう（図表12）。

このパターンも同じ病院に通院している方が想定されます。そして障害認定日から1年以上経過して申請するいわゆる遡求請求する方がこれに当てはまります。

入手する診断書の日付は次に注意してください。

①　障害認定日の診断書

障害認定日から3ヶ月以内の現症日であること。

遡及請求を行う場合の診断書は何十年通院していても、障害認定日時点のものを取得することに注意する必要があります。

※20歳前傷病の方は、20歳の誕生日または、1年半経過時点のどちらか遅いほうが障害認定日となります（障害認定日前後3ヶ月の現症日まで有効）。

②　事後重症請求の診断書

申請する時点で3ヶ月以内の現症日です。このケースも1と同様に病院が変わっていないので、診断書が初診日の証明を兼ねます。

〔図表12　診断書２通のパターン〕

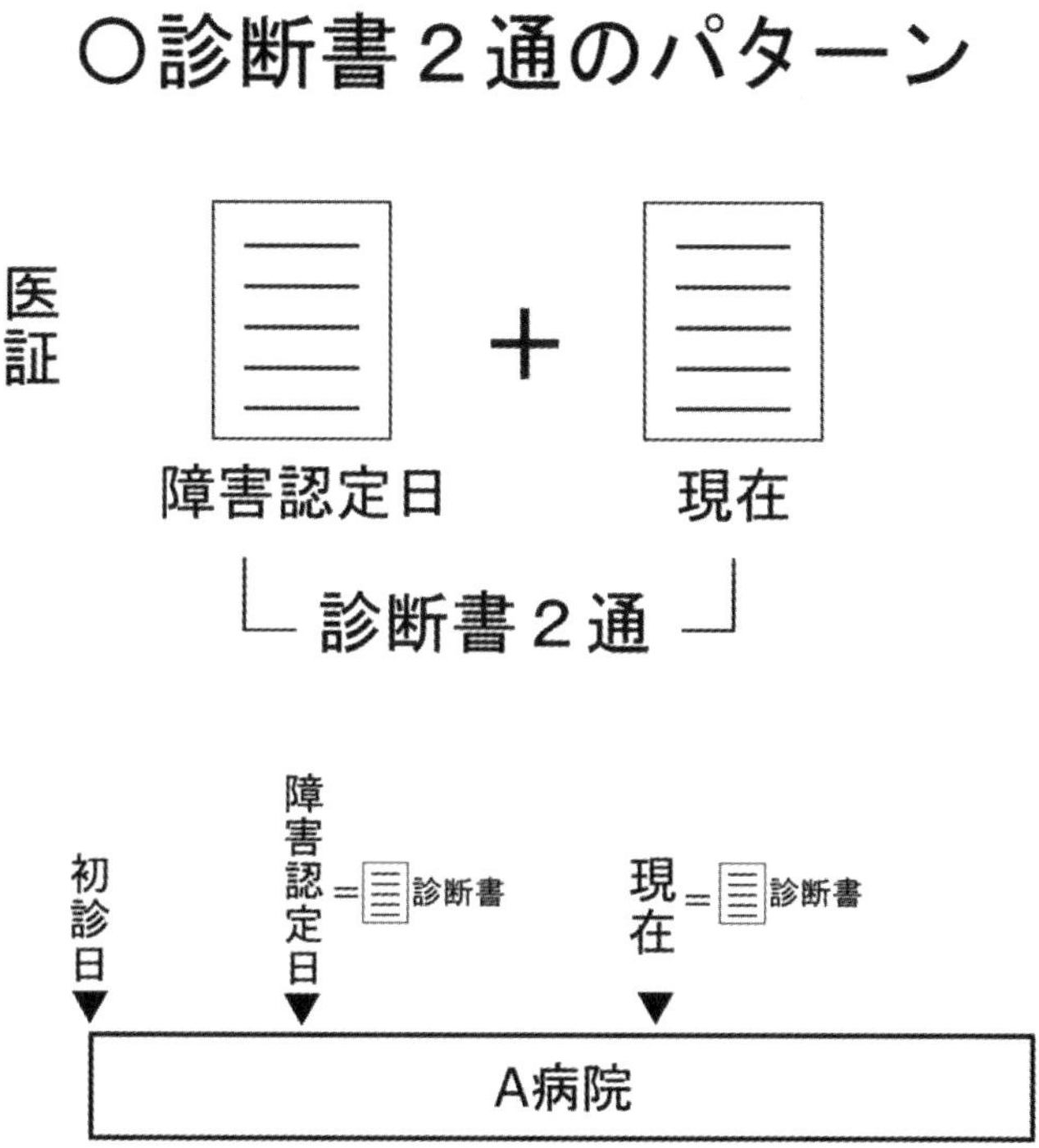

3　受診状況等証明書＋診断書1通のパターン

一度転院されたケースが該当

このパターンは必ず一度は転院されている方が該当します。

次のようなケースが考えられます。

①　障害認定日請求

まだ障害認定日から間もない方の想定です。初めてかかった病院で受診状況等証明書を取得し、現在の病院で障害認定日時点の診断書を入手します。

受診状況等証明書は、過去の証明書のため有効期限はありません。診断書の現症日は障害認定日から3ヶ月以内のもの1通です。障害認定日から1年以内の申請であれば診断書は1通で足ります。

書類を取得する順番は時系列に行ったほうがいいでしょう。

②　事後重症請求

転院している方で、障害認定日の時点では症状が軽く、現在の症状のみで審査にかけることを想定しています。

受診状況等証明書は①と同様、診断書は申請時点で3ヶ月以内の現症日のものが必要です。

※書類を受け取ったときには、前医の通院歴が書かれていないかしっかりと確認しましょう。

〔図表13　受証＋診断書１通のパターン〕

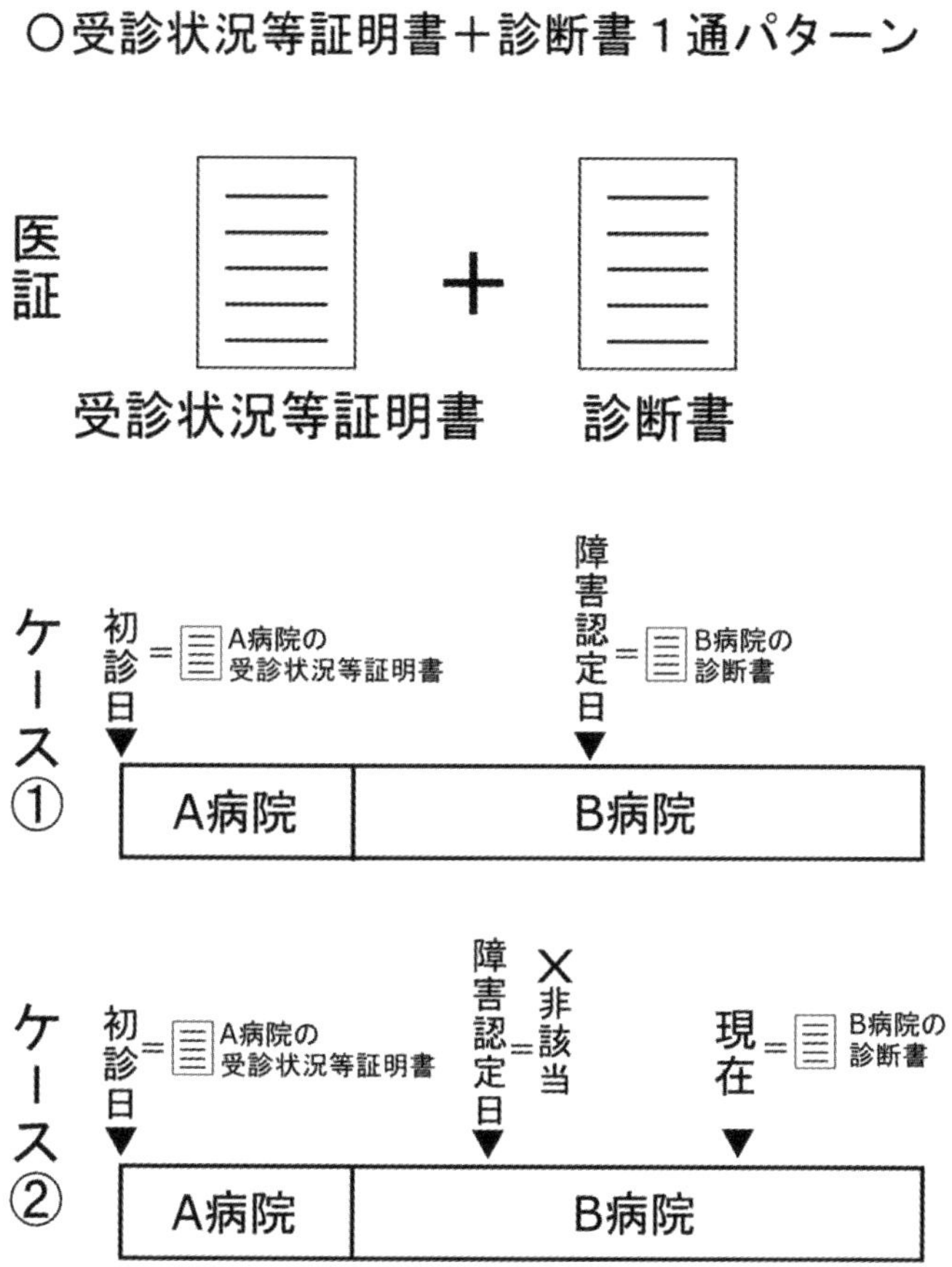

4　受診状況等証明書＋診断書2通のパターン

転院経験がある方が障害認定日請求をするケース

このパターンは、転院経験がある方のうち障害認定日請求をする方で、次のケースです（図表14）。

① 初診の病院にて受診状況等証明書を入手、2番目以降の病院で障害認定日も現在も同じ病院に通院中のケース

入手する医証は3通ですが、初診の病院で受診状況等証明書を、今の病院で診断書を2通入手します。したがって、病院は2箇所です。医証の日付は前記までと同様です。

② 初診の病院、障害認定日の病院、現在の病院すべて異なるケース

この場合は3点の医証を3箇所の病院で入手することになり、今までの中では一番時間を要することになるでしょう。

医証の入手は基本的には時系列で進めていくので、最初の病院で受診状況等証明書が仕上がってから、障害認定日の病院で診断書を入手し、現在の病院で診断書を依頼するという流れになります。

したがって、最初の2つの医証の仕上がりがそれぞれ2～3週間近くかかるので1つずつ行うと申請までに2～3ケ月はかかるということになります。

※医師は矛盾がない診断書を作成するために前医の受診状況等証明書を確認します。

〔図表14　受証＋診断書２通のパターン〕

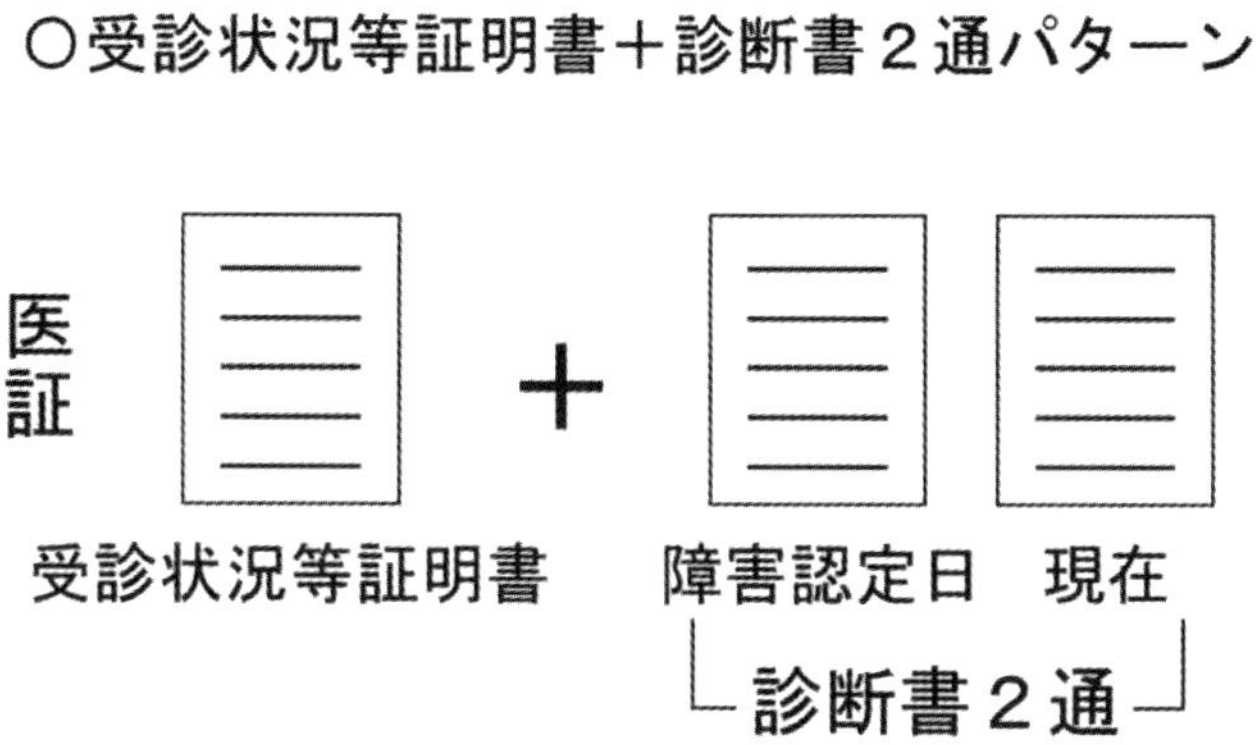

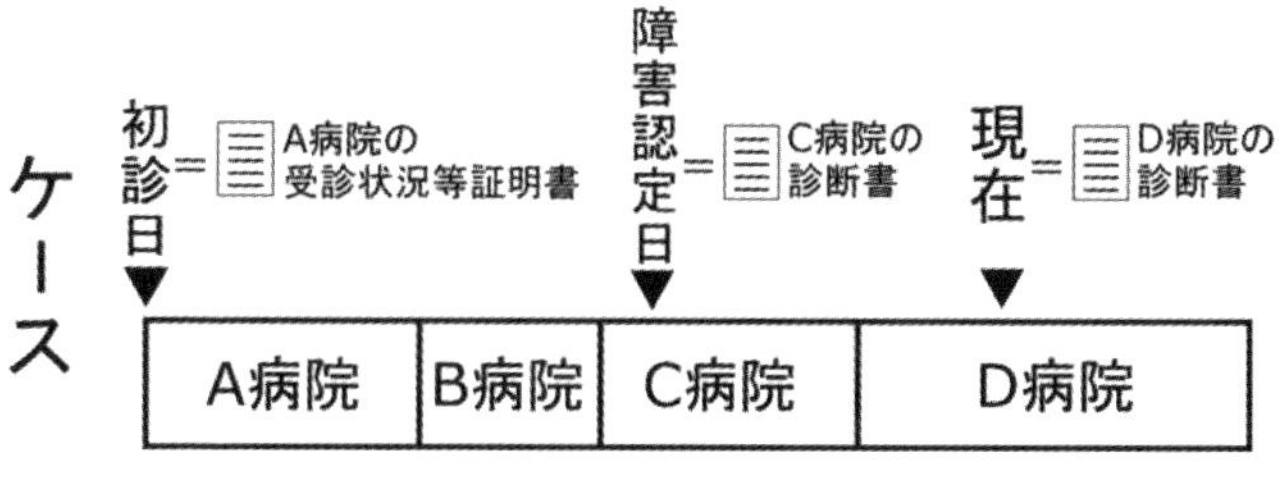

5　受診状況等証明書が取得できない申立書＋受診状況等証明書＋診断書1通のパターン

初診病院の廃業やカルテの廃棄などの事情で受診状況等証明書が入手できないケース

　初診の医療機関の廃業やカルテの廃棄などの事情で受診状況等証明書が入手できない場合です（図表15）。受診状況等証明書が添付できない申立書（図表16）を作成します（受診状況等証明書は次の病院以降で入手します）。こちらは医証ではなく本人が作成するものなので、わかる範囲で次の項目を記載します。

・傷病名
・医療機関名や所在地
・通院期間
・カルテがないことの確認した日と確認方法
・その他、初診を証明できる証拠の有無と詳細

　この書類は誤解されやすいですが、初診日の裏づけとなるその他の証拠を併せて提出して初めて有効となります。裏づけ資料の収集は申請するあなたに課せられており、単なる本人申立ての初診日は認められないというのが障害年金の難しさです。

〔図表15　受証ができない申立書を要するパターン〕

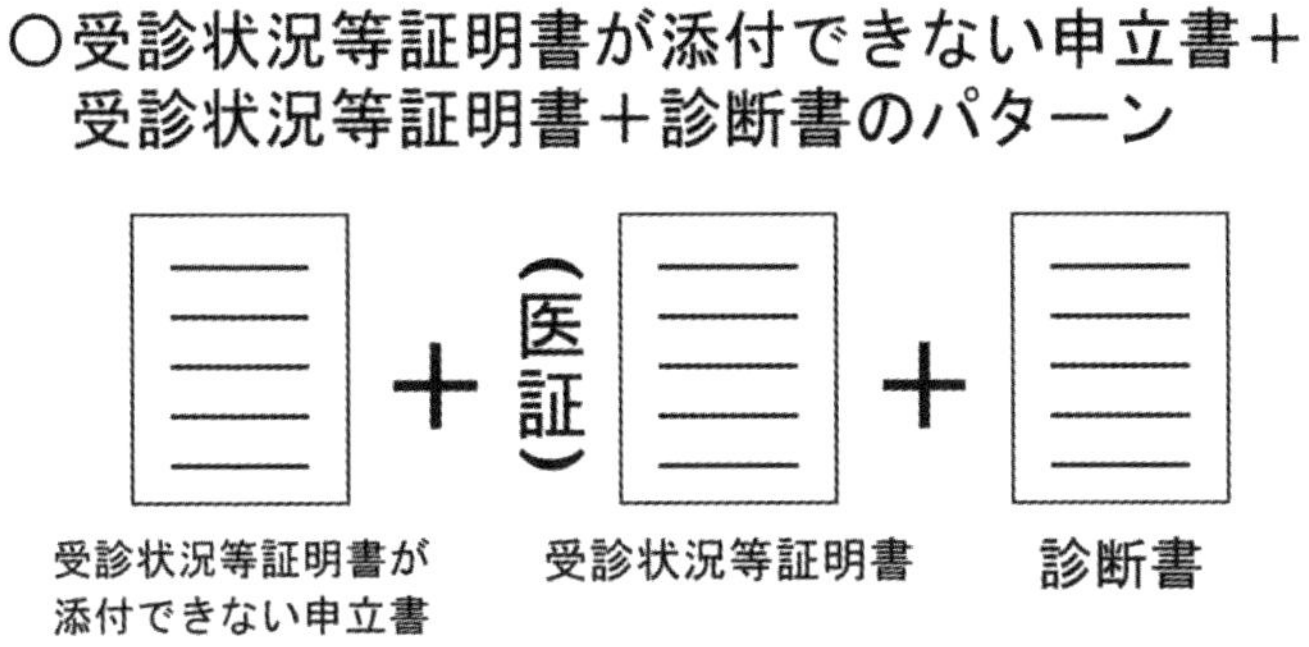

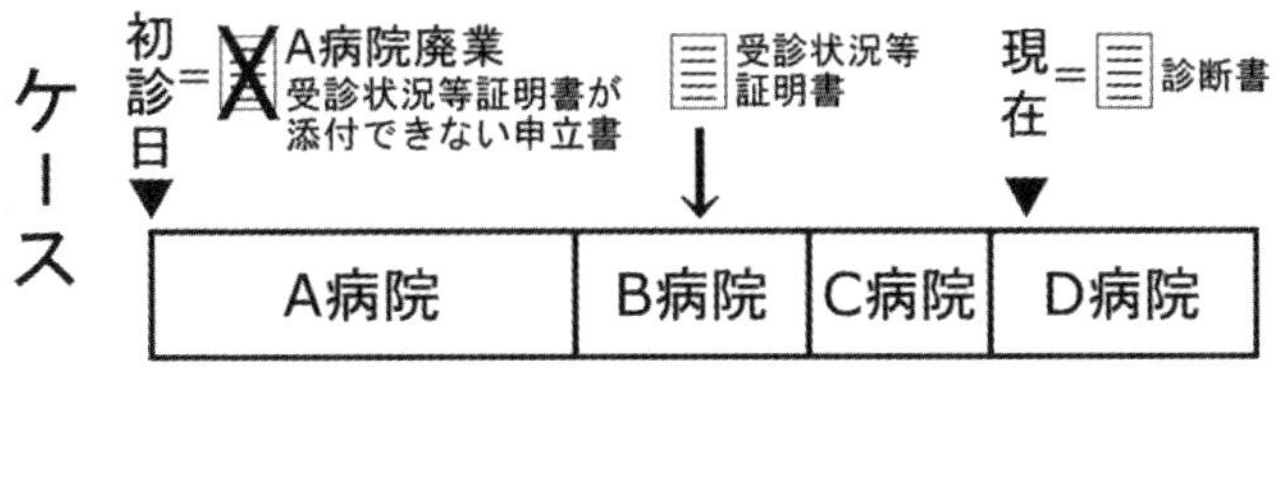

〔図表16　受証が添付できない申立書の様式〕

年金等の請求用

受診状況等証明書が添付できない申立書

傷　病　名 ＿＿＿＿＿＿＿＿＿＿＿＿＿＿＿＿

医療機関名 ＿＿＿＿＿＿＿＿＿＿＿＿＿＿＿＿

医療機関の所在地 ＿＿＿＿＿＿＿＿＿＿＿＿＿＿＿＿

受診期間 昭和・平成・令和　年　月　日 ～ 昭和・平成・令和　年　月　日

上記医療機関の受診状況等証明書が添付できない理由をどのように確認しましたか。

次の＜添付できない理由＞と＜確認方法＞の該当する□に✓をつけ、＜確認年月日＞に確認した日付を記入してください。

その他の□に✓をつけた場合は、具体的な添付できない理由や確認方法も記入してください。

＜添付できない理由＞　　＜確認年月日＞ 平成・令和　年　月　日

□ カルテ等の診療録が残っていないため

□ 廃業しているため

□ その他 ＿＿＿＿＿＿＿＿＿＿＿＿

＜確認方法＞ □ 電話　□ 訪問　□ その他（　　　　）

上記医療機関の受診状況などが確認できる参考資料をお持ちですか。

お持ちの場合は、次の該当するものすべての□に✓をつけて、そのコピーを添付してください。

お持ちでない場合は、「添付できる参考資料は何もない」の□に✓をつけてください。

□ 身体障害者手帳・療育手帳・精神障害者保健福祉手帳

□ 身体障害者手帳等の申請時の診断書

□ 生命保険・損害保険・労災保険の給付申請時の診断書

□ 事業所等の健康診断の記録

□ 母子健康手帳

□ 健康保険の給付記録（レセプトも含む）

□ お薬手帳・糖尿病手帳・領収書・診察券（可能な限り診察日や診療科が分かるもの）

□ 小学校・中学校等の健康診断の記録や成績通知表

□ 盲学校・ろう学校の在学証明・卒業証書

□ 第三者証明

□ その他（　　　　）

□ 添付できる参考資料は何もない

上記のとおり相違ないことを申し立てます。

令和　年　月　日

請求者　住所 ＿＿＿＿＿＿＿＿＿＿＿＿

　　　　氏名 ＿＿＿＿＿＿＿＿＿＿＿＿ 印　※本人自らが署名する場合押印は不要です。

代筆者氏名 ＿＿＿＿＿＿＿＿　請求者との続柄 ＿＿＿＿

（提出先）日本年金機構　　（裏面もご覧ください。）

受診状況等証明書や診断書といった医証は、医師がカルテを元に作成して印鑑が押されているから強力な証明力を持つのです。この初診の医証の有無は病院のカルテ保存状況というこちらでコントロールできない事情に左右されることも障害年金の申請を難しくしている理由の１つです。

では、どのような証拠を探していけばいいのか見ていきましょう。

①　初診の病院からの紹介状：カルテが破棄されてしまった、または廃業した病院から2番目の病院に転院した際の紹介状が残っていて、初診日等が書かれていると有力な資料になるでしょう。コピーを併せてもらいましょう。自分で紹介状のコピーを保管してないかも確認してください。

②　診察券のコピー：昔の手書きの診察券には初診日が書いてあることがまれにありました。内科や総合病院のでは証明力は低いのですが、精神科や心療内科のものは風邪や他の病気でかかった可能性を排除しやすいので証明力が高くなります。

③　レセプトの開示請求：みなさんは窓口で3割負担など支払っていると思いますが、各病院は保険診療の費用を健康保険や市町村など（保険者）に請求する仕組みになっています。

保険者は医療報酬の明細書を一定期間保存しております。これには病院名や受診日、保険点数などの明細が記載されておりますが、初診日や病名も書かれており、手に入ると有力な証拠になります。ただし、この方法は国や市町村での保存期間の関係で初診日があまりに古い場合は入手ができません。初診日が5年内くらいで、最近、初診の病院が突然廃業してしまった方などが利用しやすいものです。

④　薬局の診療明細書の開示：調剤薬局における処方記録にも医療機関名やお薬名、日付などが印字

されるので証拠の1つになります。自分でお薬手帳や病院の領収証を保存している場合はこちらを確認しましょう。10代初診の方で20歳より前のものが出てくれれば確定的な初診日がわからなくてもこの資料で初診の判断をしてもらえるので便利です。その他、年金機構が示している資料は次のものです。

⑤　精神障害者手帳・療育手帳・身体障害者手帳
⑥　各手帳申請時の診断書のコピー
⑦　交通事故証明書
⑧　生命保険・損害保険・労災保険給付申請時点の診断書
⑨　インフォームド・コンセントによる医療情報サマリー

手帳の診断書や薬局の領収証などといった書類は病院のカルテとは扱いが異なるので、8で後述する5年以上前のカルテでの証明方法ではなく、7で説明する一定期間内に初診日がある場合の終期を示す資料の1つとして活用されます。このため初診日を絞り込むための始期をどう証明していくかという問題になってきますが、相当高度な判断が求められます。

6　健康診断日は初診日と原則ならない

健診日

以前は、健康診断にて異常が発見され、治療を要する指示があった場合、その日を初診日と認める取扱いでしたが、現在では原則として健診日は初診日と扱われません。

例外として、健診後の初診の病院のカルテがない場合、その検診において、医学的に治療が必要などの指示がある場合には本人の申し立てで初診日と取り扱うことができます。

7　一定期間内に初診日がある場合

初診日の認定

初診日の特定はできないが参考資料などで一定期間内に初診日があることが特定できる場合には本人申立の初診日で認定することが可能です。

この場合は、その始期と終期を参考資料で絞り込んでいきます。終期のわかりやすい例は、２番目以降の受診状況等証明書です。あとは始期の絞り込みを参考資料で示していきます。

（一定期間内に加入していた年金制度が同じか、混在しているかで参考資料が変わってきます）。

8　5年以上前のカルテ記録などの記載がある場合

2番目以降の医療機関のカルテがあるときの認定

２番目以降の医療機関のカルテに「平成20年うつ病にて治療歴があり」などと書かれている場合

は本人申立の日付で初診日の認定が可能です。

ただし、この方法は、申請する現在より5年以上前に書かれていることが条件です。5年以内ですと他の参考資料を併せて提出する必要があります。

9 第三者証明による方法

第三者証明

証拠を探しても初診の証明ができない場合、最終手段として「第三者証明」という方法があります。

これは民法上の三親等以外の「複数の第三者」にあなたの初診の受診の頃のことを申し立ててもらう方法です（図表17）。

初診日が20歳前か後かで必要書類の有無が変わってきます。
・20歳前の方：第三者証明のみでも総合判断で初診日認定が可能。
・20歳以降の方：第三者証明と客観的な参考資料が必要で、整合性と総合判断で認定。
第三者証明のポイントは、次によります。
① 人数：原則2人以上、ただし、直接関与していた医療従事者であれば1人で可能。
② 状況：初診日当時に直接見て知った・初診日当時に聞いて知った・初診日当時ではないが5年以上前に聞いて知ったということ。

〔図表17　第三者証明の記載例〕

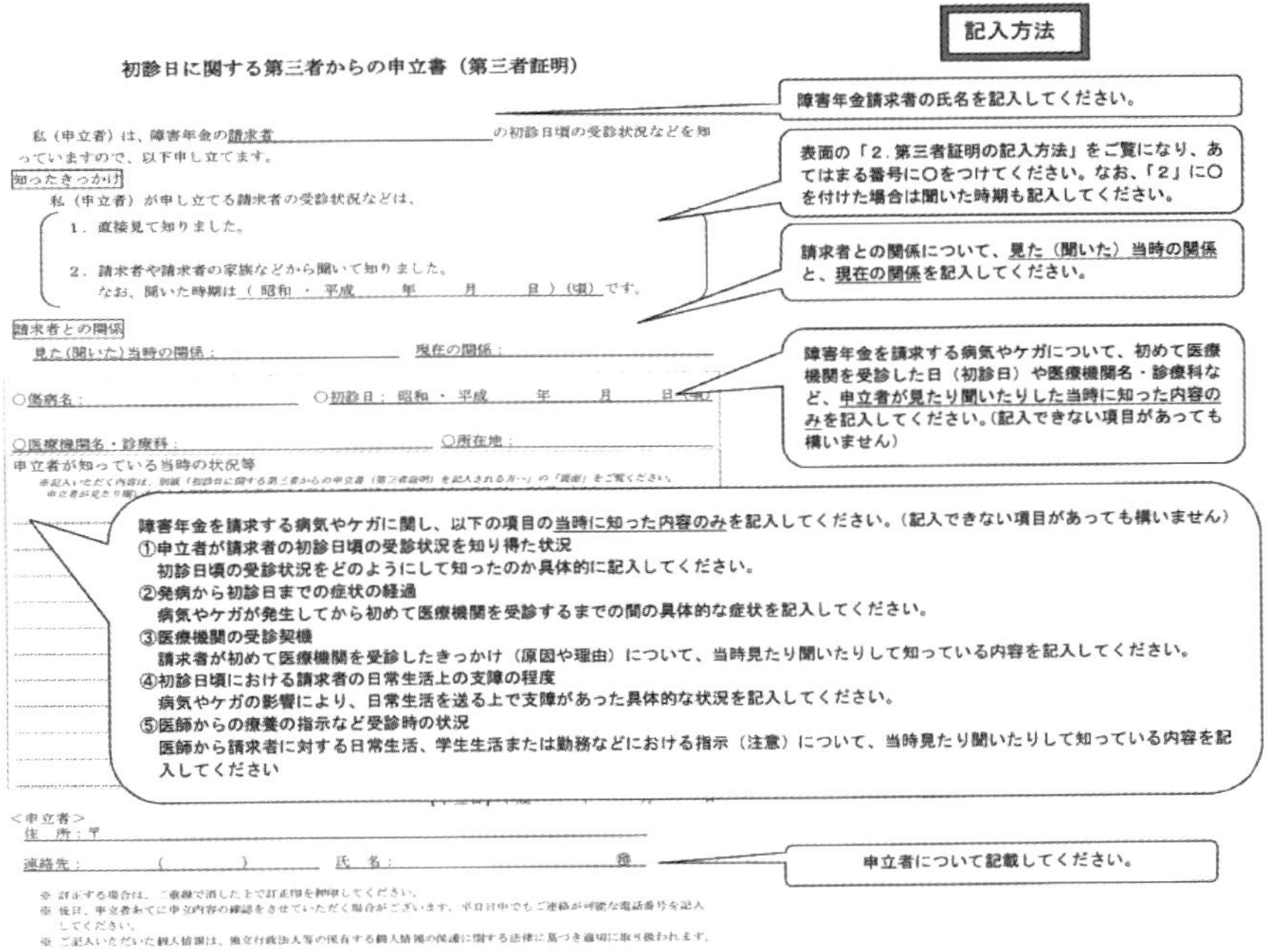
記入方法
初診日に関する第三者からの申立書（第三者証明）
私（申立者）は、障害年金の請求者　の初診日頃の受診状況などを知っていますので、以下申し立てます。
知ったきっかけ
私（申立者）が申し立てる請求者の受診状況などは、
1．直接見て知りました。
2．請求者や請求者の家族などから聞いて知りました。
なお、聞いた時期は（昭和・平成　年　月　日）（頃）です。
請求者との関係
見た（聞いた）当時の関係：　現在の関係：
○傷病名：　○初診日：昭和・平成　年　月　日（頃）
○医療機関名・診療科：　○所在地：
申立者が知っている当時の状況等
＜申立者＞
住所：〒
連絡先：（　）　氏名：　印
※ 訂正する場合は、二重線で消した上で訂正印を押印してください。
※ 後日、申立者あてに申立内容の確認をさせていただく場合がございます。平日日中でもご連絡が可能な電話番号を記入してください。
※ ご記入いただいた個人情報は、独立行政法人等の保有する個人情報の保護に関する法律に基づき適切に取り扱われます。
障害年金請求者の氏名を記入してください。

表面の「2．第三者証明の記入方法」をご覧になり、あてはまる番号に○をつけてください。なお、「2」に○を付けた場合は聞いた時期も記入してください。

請求者との関係について、見た（聞いた）当時の関係と、現在の関係を記入してください。

障害年金を請求する病気やケガについて、初めて医療機関を受診した日（初診日）や医療機関名・診療科など、申立者が見たり聞いたりした当時に知った内容のみを記入してください。（記入できない項目があっても構いません）

障害年金を請求する病気やケガに関し、以下の項目の当時に知った内容のみを記入してください。（記入できない項目があっても構いません）
①申立者が請求者の初診日頃の受診状況を知り得た状況
初診日頃の受診状況をどのようにして知ったのか具体的に記入してください。
②発病から初診日までの症状の経過
病気やケガが発生してから初めて医療機関を受診するまでの間の具体的な症状を記入してください。
③医療機関の受診契機
請求者が初めて医療機関を受診したきっかけ（原因や理由）について、当時見たり聞いたりして知っている内容を記入してください。
④初診日頃における請求者の日常生活上の支障の程度
病気やケガの影響により、日常生活を送る上で支障があった具体的な状況を記入してください。
⑤医師からの療養の指示など受診時の状況
医師から請求者に対する日常生活、学生生活または勤務などにおける指示（注意）について、当時見たり聞いたりして知っている内容を記入してください
申立者について記載してください。

〔出所：日本年金機構HPより〕

③　申立て内容：発病から初診日までの症状の経過・初診日頃の日常生活の支障度合い・受診の契機・医師からの療養の指示など・初診日頃の受診状況を知り得た状況。

3つの事例

具体例で見てみましょう。

①　「学友」であった私が、統合失調症である友人の病院の送迎を行っていた

これは三親等以外の第三者が「直接」見聞きしていたことで対象になり得ます。もう1人欲しいです。

②　「当時の主治医」であった私は確かに、彼女が高校の制服を着て、うつ病の診察に訪れ、当医が診療していたことは間違いない

初診の病院は廃業しているが、現在開業している当時の医師を見つけ出し、覚えていてくれた場合。医療従事者なので1人で足ります。ただし医療従事者でも当時「直接携わっていた人物」であることが求められます。医療事務職は除きます。

③　隣人

「昨夜もの凄い物音したけど、何かあったの?」「息子が幻覚で暴れて精神科に運ばれたんです」

…このケースは直接見たわけではないが、聞いた話です。

第三者証明は、「信ぴょう性」の高さがすべてと言ってもいいので、人から聞いた伝聞証拠よりも直接見聞きした内容のほうが、また一般の方よりは医療従事者のほうが認定してもらえる確率は

高いでしょう。そもそも障害年金はカルテなど「記録」によって証明するところ、第三者証言は「記憶」によるものなので整合性等含めて厳格に認定がされます。

そして、初診が20歳前か後かで取り扱いが変わってきます。20歳以降ですと、国民年金や厚生年金などの加入制度に違いが出たり、年金の納付状況にも影響があるため、第三者証明だけでは足りず、加えて客観的な参考資料が必要です。

10　病歴・就労状況等申立書の書き方

書き方のポイント

自分で障害年金の申請をする際に最難関となる申立書の書き方のポイントを説明していきます。

発症から現在までの様子を時系列・通院歴ごとに、およそ3〜5年ごとに書いていきます。自分で手続した方の申立書を見ると、感情的な訴えを事細かに書かれているものが多い印象です。「経済的に困っているので助けてください…」など、お気持ちはわかります。

医師が作成する診断書は、現症日の時点での病状でいわゆる「点」で表現されます。しかし、あなたの病状は発症してからの経過があり、申立書は点と点を「線」で結ぶ役割があります。

また、医師には伝えきれていない自宅での生活状況や困っていることなどをしっかりと伝える役割があります。あなたが役所に訴えることができる唯一の書類と言ってもいいでしょう。

記載項目と記載例

記載項目は、用紙にも指示がありますが、次のような点を記載します。

① 医師からの指示された事項
② 治療経過や入院期間
③ 日常生活状況や就労状況
④ 通院期間と受診回数（頻度）
⑤ 転院理由や中止理由

役所から受け取った手書きの用紙でも、日本年金機構のＨＰからエクセルファイルをダウンロードしてパソコンで入力する方法のどちらでも構いません。通院歴が多い場合には続紙というものに続きを記入していきます（図表18、19）。

病名による記載方法の違い

うつ病や双極性障害、統合失調症などの記載は、病気が発症したきっかけのエピソードから記入すれば足ります。

これに対して、発達障害や精神遅滞の方は生来性の疾患とされているため出生時から現在までのエピソードを書く必要があります。

発達障害等の方は幼少期のエピソードの記載がかなり求められますので、自分で覚えていない場

〔図表18　病歴・就労状況等申立書の記載例・表〕

表面

病歴・就労状況等申立書の提出にあたって

○発病日
自覚症状が現れた日を記入してください。

自覚症状が現れる前に次のようなことがありましたら、その日を記入してください。
- 健康診断で異常が発見された場合は、異常を指摘された日
- 先天性疾患の場合は、症状を自覚したときまたは検査で異常が発見された日
- 生来性の知的障害（精神遅滞）の場合は出生日

○病歴状況
「1～5」には、発病から順番に現在までの状況について、期間をあけずに記入してください。
1 つの期間が、5 年を超える場合は、その期間を3～5 年ごとに区切って記入してください。
生来性の知的障害（精神遅滞）の場合は、小学校入学前（幼稚園、保育園）、小学校低学年、小学校高学年、中学生、高校生に区切って日常生活や学校での状況などを記入してください。


「医療機関に受診している期間」

医療機関に受診している場合は、「受診した」を○で囲んで、「医療機関名」を記入してください。


「医療機関に受診していなかった期間」

医療機関に受診していなかった場合は、「受診していない」を○で囲んでください。

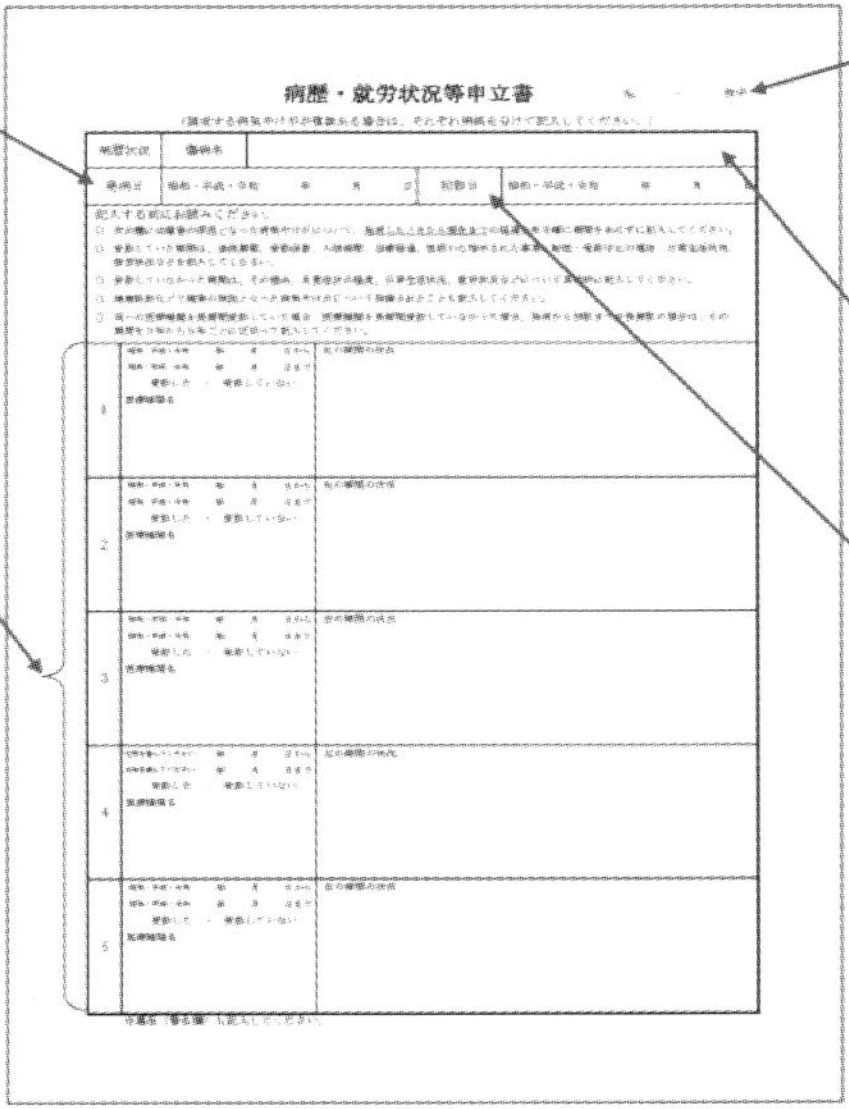

○枚数
複数枚記入した場合は、順番と記入した枚数を数字で記入してください。

（例）全部で 2 枚作成した場合
1 枚目 → № 1－2 枚中
2 枚目 → № 2－2 枚中

○傷病名
障害年金を請求する傷病（診断書の傷病）を記入してください。

○初診日
初めて診療を受けた日を記入してください。初めての診療を受けるより前に次のようなことがありましたら、その日を記入してください。
- 健康診断で異常が発見され療養に関する指示を受けた場合は健康診断日
- 生来性の知的障害（精神遅滞）の場合は出生日

日本年金機構
Japan Pension Service

〔出所：日本年金機構HPより〕

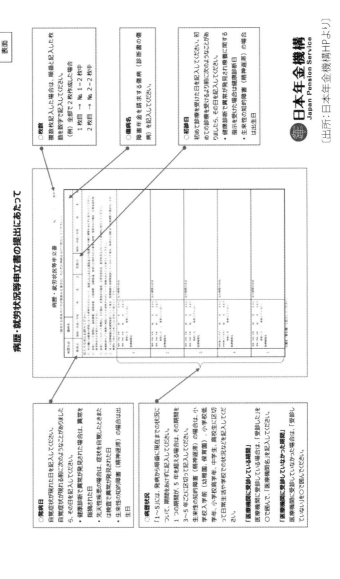

〔図表19　病歴・就労状況等申立書の記載例・裏〕

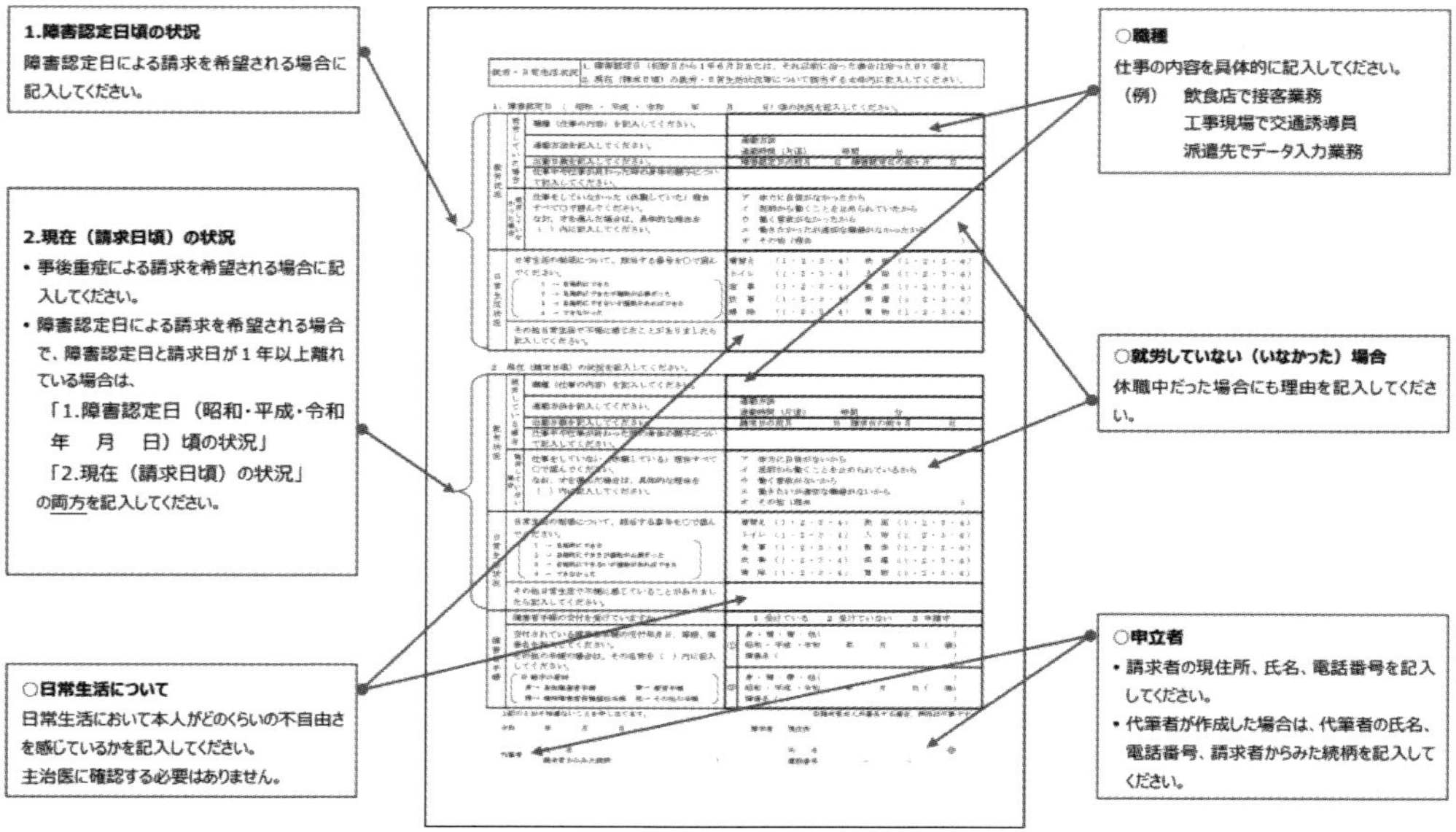
1.障害認定日頃の状況
障害認定日による請求を希望される場合に記入してください。
2.現在（請求日頃）の状況
・事後重症による請求を希望される場合に記入してください。
・障害認定日による請求を希望される場合で、障害認定日と請求日が１年以上離れている場合は、
「1.障害認定日（昭和・平成・令和　年　月　日）頃の状況」

「2.現在（請求日頃）の状況」

の両方を記入してください。
○日常生活について
日常生活において本人がどのくらいの不自由さを感じているかを記入してください。

主治医に確認する必要はありません。
○職種
仕事の内容を具体的に記入してください。
（例）　飲食店で接客業務
工事現場で交通誘導員
派遣先でデータ入力業務
○就労していない（いなかった）場合
休職中だった場合にも理由を記入してください。
○申立者
・請求者の現住所、氏名、電話番号を記入してください。
・代筆者が作成した場合は、代筆者の氏名、電話番号、請求者からみた続柄を記入してください。

〔出所：日本年金機構HPより〕

合はご両親に当時の様子を細かく聞いてみましょう。家庭での様子や幼稚園や保育園の頃の様子などは覚えていないことが多いと思います。小学校以降はおそらく記憶があるはずですので、人とのコミュニケーションが難しかったとか、不登校があったことなど思い出す限りのエピソードを書き出してみましょう。社会人になってからも、職場の対人関係で困っていることや、仕事上の不注意でミスが多かったことなど発達障害特有のエピソードがあれば細かく症状を書いていきます。

第2章　まとめ

◆病院が同じであれば診断書は1通でよい。
◆転院している場合には初診の病院から受診状況等証明書を入手する。
◆各医証の有効期限に注意する。
◆初診の医証が取れない場合は、他の証拠の入手に注力する。
◆第三者証明は最後の手段。信ぴょう性がカギになる。
◆病歴・就労状況等申立書は感情的にならずに、日常生活でサポートを受けていることなどをコンパクトにまとめていく。
◆社会的治ゆで申請する場合はおよそ5年程度の通院空白期間が必要で、その間に病状がよくなって日常生活やお仕事などもできていたことが必要である（コラム③参照）。

年金受給事例②

神奈川県在住Uさん（40代女性）双極性障害
社会的治ゆで5年遡求が認められた例

再発の初診日：平成17年7月12日　障害基礎年金

Uさんからのご依頼は私の知人であるご主人からであった。発病前より何度かお目にかかり、元気で品のある対応をしてくださったことが印象の奥様。しばらく知人とも連絡しない間にUさんは精神疾患を患わっているとの話であった。

発端は知人が前職を解雇され、新規事業を立ち上げる頃の人間関係や先行きへの不安であったという。それから10年後の平成28年知人から私に連絡が来る、「妻の障害年金をお願いしたい」と。通院歴を聞くと初診日が平成17年7月12日で当初6年程Aクリニックに通院し、その後入院を挟みつつ現在B病院へ通院という経過であった。

そこで私は、最初のAクリニックで障害認定日の診断書を取得し、現在のB病院でも診断書を取得して、過去5年分の遡及請求を行う方針を立てた。Aクリニックの診断書を取得したところで問題が発生した。聞いていない前医が出てきたのである。一旦振出しに戻る。

Uさんは前医での通院歴の記憶も曖昧で詳細が不明であったため、初診の証明書（受診状況等証明書）の依頼をした。内容を見ると「身体表現性障害」という神経症圏内の病名で平成10年２月24日～11年12月１日の受診歴であった。前医からAクリニックまで約5年半空いており、この間症状はあまりなく（潜伏はしていたようである）、事務仕事をしている期間もあった。

このまま申請すると前医が初診日になり、1年半時点は通院歴がないので事後重症請求（今後の分）となる。そこで私は前医とAクリニックの間の5年半の空白に着目して、一旦症状が軽くなった後の「再発の初診日」からの認定を求める「社会的治ゆ」を申し立てて申請を行った。精神疾患ではおよそ5年程度の期間と言われており、今回も5年は経過しているので可能性があると判断した。

書類審査である障害年金は提出する書類の内容がすべてである。このため申立書にも治療の経過とその間の生活状況をしっかりと書き、審査する方に情景が思い浮かぶように書き上げた。

結果は無事に5年遡及の2級で決定した。遡求金額も４００万円近くとなった。これが障害認定日請求と事後重症請求の差である。このようにやり方1つで受給金額に大きな差が出てきてしまうのが障害年金申請。書類審査であるからこそ、あなたが「何を求めるのか」しっかりと役所に書類で伝えきることが大切なのである。

ちなみに、Aクリニックで取得した診断書費用が第1章コラム①で紹介した1通4万円のケースである。このため、申請の準備期間や決定が出るまで私も相当なプレッシャーだったことを覚えている。高額な診断書代のため申請できない方がこのクリニックには多数いることは想像に難くない。

ともあれ、Uさんご夫妻には一番いい結果をお届けできてホッとした記憶である。

コラム② 初診日において年金保険料の確認をする理由

障害年金は「保険」制度の1つで、仕組みは民間の保険と似てます。例えば、自動車事故を起こして保険金の請求を行うとします。この場合、「事故日」において既定の保険料を支払っていたから保険金を請求することができるわけです。これとまったく同じことが障害年金にも当てはまります。

「事故日を初診日」に置き換えてみるとわかりやすいでしょう。初診日の「前日以前」に年金保険料を納めていたから、病気になって障害年金という保険金を請求できるということです。役所が初診日の厳格な証明を求めてくる理由は、必要な年金保険料が納付されているかどうかを確認するためです。過去の未払いの国民年金の保険料を初診日よりも後になってまとめて納めている方もいますが、障害年金においては残念ながら納付月数にカウントされません。ただし、老後の年金を受け取る時の月数にはカウントされます。

また、初診日において加入していた年金制度で申請するので、加入制度を特定する目的もあります。

一方、20歳より以前に初診日がある方については、そもそも年金加入義務がないので納付要件は問われず、他の条件を満たしていれば受給できます。ただし、年金保険料を納めていないのに受給できるという制度になるので、所得制限があります（詳細は第7章　Q＆A参照）。

コラム③　社会的治ゆについて

社会的治ゆとは、医学的な治ゆとは異なり社会保険制度独特の考え方です。

医学的に病気は治っていないが、一定期間通院せず、日常生活や就労など社会生活に問題がない程度まで回復して、その状態が一定期間継続したケースです。

この場合に、「社会的には」治ゆしているという評価を与えて同じ病気を「前の病気」と「後の病気」と分けて考える制度です。

同じ病気を2つに分ける実益は、主に次の2つです。

① 当初の初診日の時点では年金の納付要件が足りなかったが、再発の初診日の時点では納付していた。

② 当初の初診では国民年金加入であったが、再発の初診日では厚生年金であった。

このようにもっぱら、あなたにとって有利な場合に利用します。

通院空白期間に一律規定はありませんが、およそ5年程度と言われています。私は2～3年の空白でも通った実績もあります。

厚生労働省の通達ではこの間、治療を行う必要がなく、社会復帰していることが必要とされています。したがって、この間継続就労ができていたり、家事などといった社会生活が十分に送れていたことが条件です。調子が悪く引きこもっていたり、漫然と通院をしていなかっただ

〔図表20　社会的治ゆについて〕

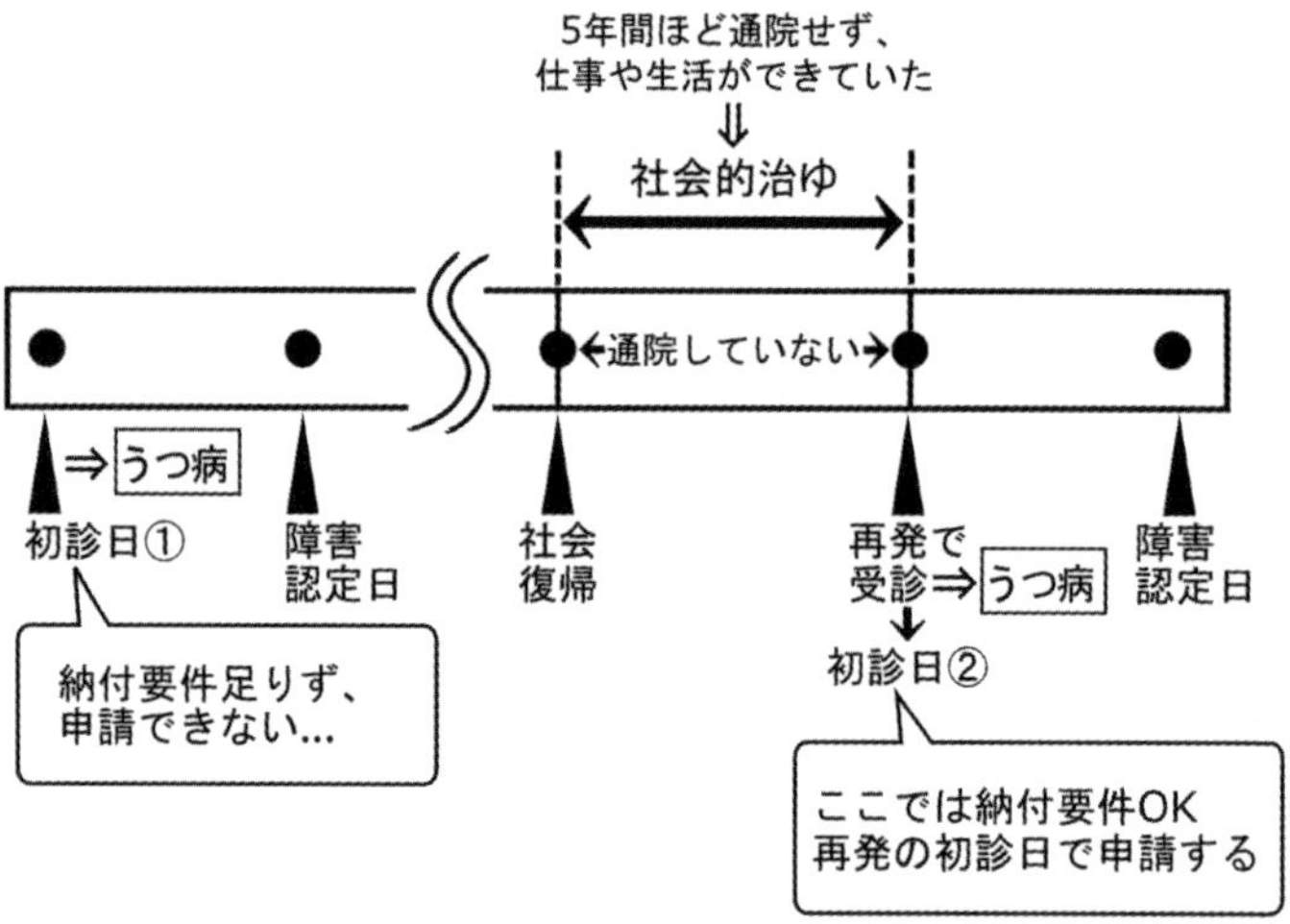
5年間ほど通院せず、
仕事や生活ができていた
社会的治ゆ
通院していない
うつ病
初診日①
障害
認定日
社会
復帰
再発で
受診
うつ病
障害
認定日
初診日②
納付要件足りず、
申請できない…
ここでは納付要件OK
再発の初診日で申請する

けの場合は該当しません。長期にわたり自覚的にも他覚的にも異常がなかったことが求められるているからです。

社会的治ゆによる申請は以前の治療歴と現在の治療歴を併せて提出して審査するので、以前の治療歴を伏せるものではありません。

場合によっては、受診状況等証明書を2通も3通も付けたり勤務実態を示す資料を付けたりなどと実務上ではかなり特殊な申請方法と言えるでしょう。

私も役所から求められていない書類を状況判断しながら提出して審査に臨んでいます。何も考えずに申請すると損をしてしまうこともあります。初診日をリセットする方法があることは覚えておきましょう。

第3章

精神疾患特有の5つの注意点と等級判定ガイドライン

1　診断書に記載の病名（ＩＣＤ—10コード）

まずは、診断書に記載される病名のお話です。障害年金の申請は精神疾患に限らず、がんや呼吸器、肢体、目や耳、循環器系など多種多様な傷病名で申請が可能です。

しかし、精神疾患に絞ると対象外となってしまう病名がいくつかあります。

◆対象となる主な病名

・うつ病、反復性うつ病、気分変調症
・双極性障害（躁うつ病）
・統合失調症、妄想性障害、統合失調型感情障害
・発達障害、広汎性発達障害、ＡＤＨＤ、自閉症スペクトラム
・てんかん
・知的障害、精神遅滞
・高次脳機能障害
・アルコール精神病
・アルツハイマー型認知症

〔図表21　診断書病名欄〕

① 障害の原因となった傷病名	統合失調症 ICD－10コード（　F20　）

〔出所：図21、24～35厚生労働省　障害年金の診断書記載要領〕

◆対象外とされる主な病名

・不安障害、強迫性障害、人格障害、パニック障害、神経症、抑うつ状態、解離性障害、身体表現性障害、適応障害

病名にはＩＣＤ―10コードと呼ばれるものが割り振られています。これはＷＨＯ（世界保健機関）が疾病、傷害、死因の統計を国際比較するために制定したものです。

障害年金の診断書の傷病名欄にもＩＣＤ―10コード（図表21）を記載する箇所があり、審査において非常に重要な意味を持つので入念な確認が必要です。このコード番号によって受給対象か対象外か区別されてしまいます。

うつ病や双極性障害などは気分障害という病気のグループに属していてコードは（Ｆ―３）から始まります。

うつ病は（Ｆ―32）、反復性うつ病（Ｆ―33）いずれも受給対象です。同様に双極性障害（Ｆ―31）、持続性気分障害（気分変調症）と呼ばれる（Ｆ―34）も対象です。

また、統合失調症関連の病名はＦ―２から始まり、統合失調症（Ｆ―20）、妄想性障害（Ｆ―22）や統合失調感情障害（Ｆ―25）など

もこのグループなので対象です。これらが受給対象になる精神病圏内の病名です。

また発達障害関連の病気では自閉症スペクトラム、ＡＤＨＤ、発達障害などは（Ｆ―84、Ｆ―90）などがつきます。こちらも受給対象です。

その他、精神遅滞・知的障害（Ｆ―7）や、てんかん（Ｇ―4）、高次脳機能障害（Ｆ―06）なども精神疾患の診断書で申請することになり、対象病名となります。

一方で、対象外の病気となってしまうのがコード（Ｆ―4）から始まる神経症圏内の病名です。神経症やパニック障害、不安障害、人格障害、解離性障害などの病名の表記及びそのコード番号で診断書が作成されると基本的に認定の対象外です。社会保険審査会では神経症の方は、「自分で症状のコントロールができる可能性があるため疾病利得になりやすく、障害年金の対象とはしない」という考え方があります。

しかし、現実ではパニック障害などは特定の状況になると制御不能になりますし、相当長期間闘病されている方が多いのです。病状と審査がかけ離れていることも障害年金の受給を難しくしている1つの要素です。

ただし、パニック障害の方でもうつ病などの病名が併記されていれば対象になりますし、メインの診断名が不安障害のみであっても、精神病圏の臨床症状が出ているのであれば、そのことを診断書裏面の備考欄にそのこととコード名を付記してもらうことで対象とされるので、医師に確認をしてみましょう。

「うつ状態」は正式な病名でない

また、病名欄に「うつ状態」と書かれている診断書をよく見かけますが、これは正確には病名ではありません。

うつの「状態」を示したものであってその背景として、うつ病からきている症状なのか適応障害なのか発達障害の二次障害としてのうつ状態なのかを本来明示する必要があります。

医師が会社あての診断書には「うつ状態」と書いて障害年金の診断書では「うつ病」と書き分ける理由の１つは、「うつ病」と書いてしまうと会社に復帰することができなくなる可能性があることを懸念して「うつ状態」と配慮することがあるということを複数の医師より聞いたことがあります。

ＩＣＤ―10コードの表を図表22、23にまとめておきます。

2　前医の記載があるか

申立病院より以前の通院歴

受診状況等証明書や診断書の初診からの治療歴の所見の中で、当初申し立てた病院より以前の通院歴が登場することがよくあります。

特に長い通院歴の方や、転院を繰り返してきた方に多いです。おそらく、初診の問診時にそれ以

〔図表22　ＩＣＤ－１０コード①〕

ICD−10 コード
F3 気分[感情]障害
F30 躁病エピソード F31 双極性感情障害 F32 うつ病エピソード F33 反復性うつ病性障害 F34 持続性気分[感情]障害 F38 その他の気分[感情]障害 F39 詳細不明の気分[感情]障害
F2 統合失調症, 統合失調症型障害及び妄想性障害
F20 統合失調症 F21 統合失調症型障害 F22 持続性妄想性障害 F23 急性一過性精神病性障害 F24 感応性妄想性障害 F25 統合失調感情障害 F28 その他の非器質性精神病性障害 F29 詳細不明の非器質性精神病
F8 心理的発達の障害、F9 行動及び情緒の障害
F84 広汎性発達障害 F90 多動性障害

〔図表23　ＩＣＤ－１０コード②〕

ICD−10 コード 神経症圏内
F4 神経症性障害, ストレス関連障害及び身体表現性障害
F40 恐怖症性不安障害 F41 その他の不安障害 F42 強迫性障害 F43 重度ストレスへの反応及び適応障害 F44 解離性[転換性]障害 F45 身体表現性障害 F48 その他の神経症性障害

前の治療歴をお話したことがカルテに残っていたものでしょう（図表24）。

この場合、申請は振り出しに戻って、以前の病院に確認することが必要です。

具体的には、病院名を覚えていれば電話や訪問などでカルテが残っているかを確認し、カルテが残っていれば初診の証明書を依頼したいことをお話して手配してください。

問題はカルテが破棄されている場合や、病院自体が閉院している場合、そもそも通院したことすら本人が覚えていない場合です。受診歴が古いほどその可能性が高まります。

なぜなら、カルテの保存期間が最終の受診から5年間とされているからです（初診のカルテがない場合の対処については第２章を参照）。

〔図表24　診断書発病から初診までの所見欄〕

⑦ 発病から現在までの病歴及び治療の経過、内容、就学・就労状況等、期間、その他参考となる事項	陳述者の氏名　〇〇〇〇　請求人との続柄　義姉　聴取年月日　27 年 3 月 9 日	高校卒業後、いくつかの職を経て、現在の会社に就職。自宅で両親と生活していた。平成20年6月頃から人目が気になるようになり、欠勤しだした。その後、不眠、幻声、思考化声、被害妄想が出現し、平成20年10月14日〇〇駅前メンタルクリニックを受診し、同日当院に紹介入院した。以降、薬物療法、精神療法が定期的に継続されているが、幻覚妄想は常に顕在し、症状は難治性に経過している。3回目の入院中に失職、現在に至っている。日常生活は支援なしには成り立たない。

コラム④ カルテは本当にない？ 困った佐藤さん

「前医の記載が出てきた、どうしよう…、どこの病院か覚えているし、聞いてみよう、でも10年前のことだし残っているかな…」

佐藤さん：「すいません、10年ほど前にそちらに通院していた佐藤と申しますが、私のカルテが残っているか見ていただけますでしょうか？」

電話受付：「少々お待ちくださいませ…」
「申し訳ございません、残っていないようです」

佐藤さん：「そうですか、わかりました…」

落胆する佐藤さん、果たしてこのまま諦めてしまっていいのでしょうか？「残っていません」と言われた場合、まずは次のような聞き方をしてみましょう。

佐藤さん：「外部の倉庫などにはありませんでしょうか？」

病院の保存スペースには限りがあり、保存年数が来るとすぐに廃棄してしまうこともありますが、大きい病院などは外部の倉庫に昔の紙カルテが保存されている場合があります。私もこの方法で何件も見つけ出してきました。

外部倉庫から見つかったときに私は、「神カルテ」と呼んでいます。これでクライアントが救われるからで、まさに神のような存在だからです。

病院も保管スペースの問題で一律5年ではないにしても、ある程度の年数でカルテを処分してしまっていることが多い現状です。

「外部倉庫にもありません…」と回答されて落胆されることもあるでしょう。この場合さらに次の聞き方をしてみてください。

「コンピュータに日付は残っていないですか?」

カルテがどこにも保存されていない場合でも病院の医事コンピュータ（いわゆるレセコン）にお名前や生年月日、初診日や終診日が残されている場合があります。病名まで残っていることがあります。これで救われる場合もあります。

この場合、レセコン情報から書ける範囲で、「受診状況等証明書」の作成依頼をしましょう。カルテがないので「詳細は不詳」の箇所が多くなりますが、以下をチェックしましょう。

・お名前
・初診日
・病名（あれば）

そして可能であればレセコンの画面コピーをいただくのも1つです。プリントができない場合は画面の写真を撮っていただけるかも確認してみましょう。

ただ、この方法も万能ではなく、問題になるのは「診療科」名です。受診した病院が街中の精神科や心療内科などの専門医であれば、病名の表記がなくても精神疾患で通院していた可能性が高いと推定されます。

ただ、一般の内科ですと、日付だけ証明できても、風邪や他の病気でかかっている可能性を排除できないため、おそらく認定は難しいでしょう。

同様に、総合病院のケースでは複数の科があって特定ができず認定が困難になるケースもあります。総合病院の精神科などのレセコンに病名など詳しく残っている場合もあるので諦めずにどこまで残っているのか確認してみましょう。

とにかく、諦めてしまったら、そこで終わりです。

私の好きな名言は、マンガ『スラムダンク』の安西監督の一言です。

「最後まで、希望を捨てちゃいかん」

「あきらめたら、そこで試合終了だよ」

この言葉を胸に、実務に当たらせていただいています。

3　不利に扱われる単身者

同居者のいない単身の方の認定実務

診断書裏面の左上に同居者の有無に丸を付ける箇所があります。ここが意外と審査では重く取り

〔図表25　日常生活状況欄〕

ウ　**日常生活状況**
1　家庭及び社会生活についての具体的な状況
（ア）　現在の生活環境（該当するもの一つを○で囲んでください。）
入院　・　入所　・　在宅　・　その他（　　　　）
（施設名　　　　）
同居者の有無　（　有　・　無　）

（イ）　全般的状況（家族及び家族以外の者との対人関係についても具体的に記入してください。）

［　　　　　　　　　　　　］

扱われています。

精神疾患で障害年金を受給される典型例は、「同居の家族など、どなたかのサポートを受けているはずだ」。また同居者のいない単身の方は、「ヘルパーなど福祉サービスを利用しているはずだ」という前提で認定実務がつくられていると考えられます。

うつ病の方であれば抑うつ気分などの症状により、家事などの日常生活ができず、同居の家族などの支援を受けているという状況をモデルケースとして考えています。

したがって、同居者のいない単身の方は、一人暮らしで日常生活が「できているはずだ」と判断されてしまう可能性があるのです。

実際に2級相当の診断書で申請しても3級止まりになったケースが複数あり、役所に対して不服申立てをするとほぼ、「単身暮らしができていたことがうかがえるから3級としたのは妥当である」などという返事がくることが多いのです。

ただ、同居者のいない方全員が3級相当（国民年金の方は不支給）というわけではなく、妥当な等級となることが9割くらいはあります。

ただし、単身生活という事情が不利に扱われる可能性がそれなりに高いということは認識してください。同じ条件の診断書を提出しても2級と3級の結果に分かれることがあります。


単身者の方は、単身生活に至った理由や時期をしっかりと書く

したがって、単身者の方は、単身で生活するに至った理由や時期をしっかりと書いてもらうようにしましょう。

近所にご家族がいて、都度サポートを受けている場合はその内容を詳しく書きます。また、単身で生活をはじめた理由が「病気に理解を示さない家族と距離を取るため」など具体的な理由があれば細かく書いてもらうべきです。

また、近所で別居生活とはなっているが、毎日電話や訪問などで声掛けなどを行ってもらっている、など役所に伝えられることはしっかりと伝えていきましょう。この部分の伝え忘れで不本意な結果になってしまうと悔いが残ります。

以前、2級相当の診断書で3級の決定が出て不服申立てを行った事例では、単身暮らしであることが争点になりました。自分で申請されたもので、実際は同居のパートナーがいるのに単身暮らしに丸が付いていました。不服申立ての過程で同居の経過がわかる住民票を付けて主張したらあっさりと国が3級の決定を取り消して2級としました。

4　就労している場合

診断書裏面の就労欄の記載

精神疾患以外の障害年金については、就労していても受給できるものが多数あります。一方で、精神疾患は、就労していることは非常に大きな減点ポイントとなっています。就労状況については診断書の裏面に医師に記載してもらう欄と、申立書の用紙に自己申告で書く欄があります。

例えば、２級の例示ですと、障害認定基準において「日常生活は極めて困難で、労働により収入を得ることができない程度」と規定されています。それゆえに、現にお仕事をされている方は２級非該当と結論されやすいのです。

診断書裏面の就労欄には図表26の項目のような詳細な記載を求められます。

仕事内容や援助状況のみならず、給与額まで求められます。この欄は医師が知りうる範囲で書く項目になっています。特にパートやアルバイト、障害者枠就労している方などは会社で配慮してもらっている内容を積極的に医師に書いてもらい、申立書にもしっかりと書いて、役所に労働能力が十分ではないということを十分に伝えていかなければなりません。これにより総合判定で障害年金の受給が決定した方は多数いらっしゃいます。

ただ、役所は「厚生年金の加入履歴」と「標準報酬額の推移」の状況を見ることができます。こ

〔図表26　診断書裏面の就労欄〕

エ　現在時の就労状況

○勤務先　・一般企業　・就労支援施設　・その他（　　　）

○雇用体系　・障害者雇用　・一般雇用　・自営　・その他（　　　）

○勤続年数（　年　ヶ月）　○仕事の頻度（週に・月に（　）日）

○ひと月の給与（　　　円程度）

○仕事の内容

○仕事場での援助の状況や意思疎通の状況

れによって役所は社会保険に入っていることや勤続年数、おおよその給与額を把握することができます。厚生年金加入歴を根拠に「働けている」と判断されることがあることを押さえておきましょう。

5　日常生活能力の意味を正確に押える

日常生活能力の判定

障害年金は障害の状態を、定められた認定基準に当てはめて等級を決定していきます。うつ病や発達障害といった精神疾患の方々はどのような方法で認定されるのでしょうか。

身体の障害の方と違って、目で見てわからない・・・目や耳の疾患の方と違って、検査数値で表せない・・・見た目でもわからず、数値化もできない精神疾患の方の場合、医師が作成する診断書の「日常生活能力の判定や程度」の評価によって等級の判定を行います。

日常生活能力の判定7項目は点数化されており、そして日常生活能力の程度という5段階評価の点数と当てはめて等級の目安を決める手順です。

日常生活能力の判定は、次の７項目です。

①　適切な食事
②　身辺の清潔保持
③　金銭管理と買い物
④　通院と服薬
⑤　他人と意思伝達及び対人関係
⑥　身辺の安全保持及び危機対応
⑦　社会性

これらの項目につきそれぞれ、「できる～できない」の４段階で判定されます。

ここで注意することは同居者のサポートで生活している方であっても「単身暮らし」を想定して、判断することになっています。

医師の誤解がいまだに多い箇所です。同居者のサポートによって「生活できている」ことを評価に入れてしまって、障害年金の認定基準が求める日常生活能力よりも軽い判断になる傾向が強い印象です。

そして、図表27のように各項目それぞれ1点～4点の点数が付きます。これらを合計して7で割

〔図表27　日常生活能力の判定７項目〕

2　日常生活能力の判定　(該当するものにチェックしてください。)
（判断にあたっては、単身で生活するとしたら可能かどうかで判断してください。）

(1) 適切な食事ー配膳などの準備も含めて適当量をバランスよく摂ることがほぼできるなど。

□できる　□自発的にできる時には助言や指導を必要とする　□自発的かつ適正に行うことはできないが助言や指導があればできる　□助言や指導をしてもできない若くは行わない

(2) 身辺の清潔保持ー洗面、洗髪、入浴等の身体の衛生保持や着替え等ができる。また、自室の清掃や片付けができるなど。

□できる　□自発的にできる時には助言や指導を必要とする　□自発的かつ適正に行うことはできないが助言や指導があればできる　□助言や指導をしてもできない若くは行わない

(3) 金銭管理と買い物ー金銭を独力で適切に管理し、やりくりがほぼできる。また、一人で買い物が可能であり、計画的な買い物がほぼできるなど。

□できる　□おおむねできるが時には助言や指導を必要とする　□助言や指導があればできる　□助言や指導をしてもできない若くは行わない

(4) 通院と服薬（要・不要）ー規則的に通院や服薬を行い、病状等を主治医に伝えることができるなど。

□できる　□おおむねできるが時には助言や指導を必要とする　□助言や指導があればできる　□助言や指導をしてもできない若くは行わない

(5) 他人との意思伝達及び対人関係ー他人の話を聞く、自分の意思を相手に伝える、集団的行動が行えるなど。

□できる　□おおむねできるが時には助言や指導を必要とする　□助言や指導があればできる　□助言や指導をしてもできない若くは行わない

(6) 身辺の安全保持及び危機対応ー事故等の危険から身を守る能力がある、通常と異なる事態となった時に他人に援助を求めるなどを含めて、適正に対応することができるなど。

□できる　□おおむねできるが時には助言や指導を必要とする　□助言や指導があればできる　□助言や指導をしてもできない若くは行わない

(7) 社会性ー銀行での金銭の出し入れや公共施設等の利用が一人で可能。また、社会生活に必要な手続きが行えるなど。

□できる　□おおむねできるが時には助言や指導を必要とする　□助言や指導があればできる　□助言や指導をしてもできない若くは行わない

↑1点　↑2点　↑3点　↑4点

ると平均点が算出されます。診断書がそろった方はまずここまで計算しておきましょう。

日常の生活能力の点数計算

この点数計算は、最重要項目ですので1つずつ細かく見ていきましょう。

①　適切な食事

食事に関して非常にまずいのは医師との面談の際、医師からの「食べれていますか？」という問いに対して、「食べれてます」と言ってしまうことです。

しかし、詳しく聞いてみると実際はカップラーメンや菓子パンばかり、というケースが多くあります。「適切な食事」とは三食栄養のバランスを考えて適切に食べることができていて初めて「できる」になります。

単身暮らしの方でレトルト食品ばかり食べている方も同様です。また支度や配膳を含めてできるかの判断になるので、同居のご家族の支援を受けている方も完全にできている方は少ないのではないでしょうか。

②　身辺の清潔保持

毎朝の洗顔や入浴、掃除や片づけなどができているか、という項目です。

〔図表28　適切な食事について〕

（１）適切な食事

※　嗜癖的な食行動（たとえば拒食症や過食症）をもって「食べられない」とはしない。

1	できる	栄養のバランスを考え適当量の食事を適時にとることができる。（外食、自炊、家族・施設からの提供を問わない）
2	自発的にできるが時には助言や指導を必要とする	だいたいは自主的に適当量の食事を栄養のバランスを考え適時にとることができるが、時に食事内容が貧しかったり不規則になったりするため、家族や施設からの提供、助言や指導を必要とする場合がある。
3	自発的かつ適正に行うことはできないが助言や指導があればできる	１人では、いつも同じものばかりを食べたり、食事内容が極端に貧しかったり、いつも過食になったり、不規則になったりするため、経常的な助言や指導を必要とする。
4	助言や指導をしてもできない若しくは行わない	常に食事へ目を配っておかないと不食、偏食、過食などにより健康を害するほどに適切でない食行動になるため、常時の援助が必要である。

〔図表29　身辺の清潔保持について〕

（２）身辺の清潔保持

1	できる	洗面、整髪、ひげ剃り、入浴、着替え等の身体の清潔を保つことが自主的に問題なく行える。必要に応じて（週に１回くらいは）、自主的に掃除や片付けができる。また、ＴＰＯ（時間、場所、状況）に合った服装ができる。
2	自発的にできるが時には助言や指導を必要とする	身体の清潔を保つことが、ある程度自主的に行える。回数は少ないが、だいたいは自室の清掃や片付けが自主的に行える。身体の清潔を保つためには、週１回程度の助言や指導を必要とする。
3	自発的かつ適正に行うことはできないが助言や指導があればできる	身体の清潔を保つためには、経常的な助言や指導を必要とする。自室の清掃や片付けを自主的にはせず、いつも部屋が乱雑になるため、経常的な助言や指導を必要とする。
4	助言や指導をしてもできない若しくは行わない	常時支援をしても身体の清潔を保つことができなかったり、自室の清掃や片付けをしないか、できない。

〔図表30　金銭管理と買い物について〕

（３）金銭管理と買い物

※　行為嗜癖に属する浪費や強迫的消費行動については、評価しない。

1	できる	金銭を独力で適切に管理し、１ヵ月程度のやりくりが自分でできる。また、１人で自主的に計画的な買い物ができる。
2	おおむねできるが時には助言や指導を必要とする	１週間程度のやりくりはだいたい自分でできるが、時に収入を超える出費をしてしまうため、時として助言や指導を必要とする。
3	助言や指導があればできる	１人では金銭の管理が難しいため、３～４日に一度手渡して買い物に付き合うなど、経常的な援助を必要とする。
4	助言や指導をしてもできない若しくは行わない	持っているお金をすぐに使ってしまうなど、金銭の管理が自分ではできない、あるいは行おうとしない。

うつ病の方は精神運動抑制の症状が強く出て「根気や集中力がない、決断ができない、何事をするにも面倒やおっくう」と訴えます。おっくうで入浴も週1～2回程度であるとか、掃除が全くできなくて部屋に足の踏み場がないという方は明らかにこの項目に助言や指導がいるという判断と考えられます。

発達障害の方も注意が散漫となって片づけができなかったりするケースや、二次障害としての抑うつ症状からおっくうで掃除や片づけができていないケースがあるのでよく確認してみましょう。

発達障害とうつ病が並存している方は両方のエピソードで考えてみるといいでしょう。

③　金銭管理と買い物

金銭のやりくりが自分でできちんとできるかという項目です。この項目は病名によって特徴が表れます。うつ病の方は抑制症状によって外出自体が困難のため、そもそも買い物に行けないとか、ネット宅配を依頼するというケースが見られます。

一方で双極性障害の方は、軽躁状態に入って気が大きくなると短期間にかなりの浪費をするケースがあります。いきなり車を買ってしまったとか、家の大規模修繕を依頼してしまった、ネットで不要なものを大量に衝動買いしてしまった方などもいます。自己破産してしまうケースなどもあり、障害年金受給後も金銭のやりくりの難しいケースが多く、支援者による管理が望まれる項目です。成年後見制度を利用している方もいます。

〔図表31　通院と服薬について〕

（４）通院と服薬

1	できる	通院や服薬の必要性を理解し、自発的かつ規則的に通院・服薬ができる。また、病状や副作用について、主治医に伝えることができる。
2	おおむねできるが時には助言や指導を必要とする	自発的な通院・服薬はできるものの、時に病院に行かなかったり、薬の飲み忘れがある（週に２回以上）ので、助言や指導を必要とする。
3	助言や指導があればできる	飲み忘れや、飲み方の間違い、拒薬、大量服薬をすることがしばしばあるため、経常的な援助を必要とする。
4	助言や指導をしてもできない若しくは行わない	常時の援助をしても通院・服薬をしないか、できない。

〔図表32　対人関係について〕

（５）他人との意思伝達及び対人関係

※　１対１や集団の場面で、他人の話を聞いたり、自分の意思を相手に伝えたりするコミュニケーション能力や他人と適切につきあう能力に着目する。

1	できる	近所、仕事場等で、挨拶など最低限の人づきあいが自主的に問題なくできる。必要に応じて、誰に対しても自分から話せる。友人を自分からつくり、継続して付き合うことができる。
2	おおむねできるが時には助言や指導を必要とする	最低限の人づきあいはできるものの、コミュニケーションが挨拶や事務的なことにとどまりがちで、友人を自分からつくり、継続して付き合うには、時として助言や指導を必要とする。あるいは、他者の行動に合わせられず、助言がなければ、周囲に配慮を欠いた行動をとることがある。
3	助言や指導があればできる	他者とのコミュニケーションがほとんどできず、近所や集団から孤立しがちである。友人を自分からつくり、継続して付き合うことができず、あるいは周囲への配慮を欠いた行動がたびたびあるため、助言や指導を必要とする。
4	助言や指導をしてもできない若しくは行わない	助言や指導をしても他者とコミュニケーションができないか、あるいはしようとしない。また、隣近所・集団との付き合い・他者との協調性がみられず、友人等とのつきあいがほとんどなく、孤立している。

④　通院と服薬

通院することと服薬をすることが適切にできるかという項目です。ご家族や知人に送迎してもらっているが、その方々が診察室に入らない場合、医師は1人で通院できていると認識しがちです。

このために医師は軽く判断することがあるので、診察室に支援者を同席させない方は注意してください。

服薬に関しては、飲み忘れが多くて常時余りがちの方、衝動的に過量な服薬をしてしまう方などは助言や指導が必要な状況と言えるでしょう。ご家族にお薬カレンダーのようなもので管理してもらっている場合はきちんと医師に伝えていただきたい内容です。

⑤　他人との意思伝達及び対人関係

一対一や集団において、他者とのコミュニケーションができるかどうかという項目です。この項目も病気の種類による症状の差がでます。うつ病の方は抑制症状でそもそも近所づき合いをせず、電話やインターフォンにも対応できず閉じこもって生活している方が多いです。

双極性障害の方は、躁転して多弁になると昼夜問わず知人に連絡をしてしまったり、一方的に話してしまったりする傾向があります。

発達障害の方は空気が読めなかったり世間話の構築が難しい方が多いものです。人との距離の取り方に支障を抱えている方も多いです。不注意な発言をして近所や職場で浮いてしまったりする方

〔図表33　身辺の安全保持と危機対応について〕

（6）身辺の安全保持及び危機対応

※　自傷（リストカットなど行為嗜癖的な自傷を含む。）や他害が見られる場合は、自傷・他害行為を本項目の評価対象に含めず、⑩障害の状態のア欄（現在の病状又は状態像）及びイ欄（左記の状態について、その程度・症状・処方薬等の具体的記載）になるべく具体的に記載してください。

1	できる	道具や乗り物などの危険性を理解・認識しており、事故等がないよう適切な使い方・利用ができる（例えば、刃物を自分や他人に危険がないように使用する、走っている車の前に飛び出さない、など）。また、通常と異なる事態となった時（例えば火事や地震など）に他人に援助を求めたり指導に従って行動するなど、適正に対応することができる。
2	おおむねできるが時には助言や指導を必要とする	道具や乗り物などの危険性を理解・認識しているが、時々適切な使い方・利用ができないことがある（例えば、ガスコンロの火を消し忘れる、使用した刃物を片付けるなどの配慮や行動を忘れる）。また、通常と異なる事態となった時に、他人に援助を求めたり指示に従って行動できない時がある。
3	助言や指導があればできる	道具や乗り物などの危険性を十分に理解・認識できておらず、それらの使用・利用において、危険に注意を払うことができなかったり、頻回に忘れてしまう。また、通常と異なる事態となった時に、パニックになり、他人に援助を求めたり、指示に従って行動するなど、適正に対応することができないことが多い。
4	助言や指導をしてもできない若しくは行わない	道具や乗り物などの危険性を理解・認識しておらず、周囲の助言や指導があっても、適切な使い方・利用ができない、あるいはしようとしない。また、通常と異なる事態となった時に、他人に援助を求めたり、指示に従って行動するなど、適正に対応することができない。

〔図表34　社会性について〕

（7）社会性

1	できる	社会生活に必要な手続き（例えば行政機関の各種届出や銀行での金銭の出し入れ等）や公共施設・交通機関の利用にあたって、基本的なルール（常識化された約束事や手順）を理解し、周囲の状況に合わせて適切に行動できる。
2	おおむねできるが時には助言や指導を必要とする	社会生活に必要な手続きや公共施設・交通機関の利用について、習慣化されたものであれば、各々の目的や基本的なルール、周囲の状況に合わせた行動がおおむねできる。だが、急にルールが変わったりすると、適正に対応することができないことがある。
3	助言や指導があればできる	社会生活に必要な手続きや公共施設・交通機関の利用にあたって、各々の目的や基本的なルールの理解が不十分であり、経常的な助言や指導がなければ、ルールを守り、周囲の状況に合わせた行動ができない。
4	助言や指導をしてもできない若しくは行わない	社会生活に必要な手続きや公共施設・交通機関の利用にあたって、その目的や基本的なルールを理解できない、あるいはしようとしない。そのため、助言・指導などの支援をしても、適切な行動ができない、あるいはしようとしない。

もいます。普段の診察で漏れやすい項目なので詳しく自宅や職場での様子を伝えたほうがいいでしょう。

⑥ 身辺の安全保持と危機対応

刃物や火をきちんと扱えるかという項目です。調理をしようとしてガスの火をうっかり消し忘れてしまう場合や刃物を適切に扱えないような場合もできているとは言えない項目です。

医師が把握しづらい点になるのでしっかりと普段の様子を詳しく伝えていきましょう。

⑦ 社会性

役所での手続や金融機関での入出金などがきちんとできているかという項目です。抑うつ症状がひどい方で特に単身の方によく見られるのは、郵便物を取りに行けないということです。公共料金や税金の請求書も放置して期間を過ぎてしまうケースもよくあります。

また、国民健康保険の手続を放置したため保険証が切れて使えなくなり、通院ができなくなってしまった方もいます。

同居者がいる場合は郵便物の受け取りや支払関係も滞りなく済ましている方もいるでしょう。支援者のサポートで何気なく回っている部分もあります。

この項目も認識のギャップがあるので、きちんと日常の様子を詳しく医師に伝えていきたいとこ

〔図表35　日常生活能力の程度５段階評価〕

3　**日常生活能力の程度（該当するもの一つを○で囲んでください。）**
※ 日常生活能力の程度を記載する際には、状態をもっとも適切に記載できる（精神障害）又は（知的障害）のどちらかを使用してください。

（精神障害）

（1）　精神障害（病的体験・残遺症状・認知障害・性格変化等）を認めるが、社会生活は普通にできる。

（2）　精神障害を認め、家庭内での日常生活は普通にできるが、社会生活には、援助が必要である。
（たとえば、日常的な家事をこなすことはできるが、状況や手順が変化したりすると困難を生じることがある。社会行動や自発的な行動が適切に出来ないこともある。金銭管理はおおむねできる場合など。）

（3）　精神障害を認め、家庭内での単純な日常生活はできるが、時に応じて援助が必要である。
（たとえば、習慣化した外出はできるが、家事をこなすために助言や指導を必要とする。社会的な対人交流は乏しく、自発的な行動に困難がある。金銭管理が困難な場合など。）

（4）　精神障害を認め、日常生活における身のまわりのことも、多くの援助が必要である。
（たとえば、著しく適正を欠く行動が見受けられる。自発的な発言が少ない、あっても発言内容が不適切であったり不明瞭であったりする。金銭管理ができない場合など。）

（5）　精神障害を認め、身のまわりのこともほとんどできないため、常時の援助が必要である。
（たとえば、家庭内生活においても、食事や身のまわりのことを自発的にすることができない。また、在宅の場合に通院等の外出には、付き添いが必要な場合など。）

ろです。

⑧　**日常生活能力の程度**

日常生活能力の7項目の判定とともに医師が判断する項目です。図表35のように5段階で評価されます。症状の度合いを示す、総合点ともいえます。

6　精神の障害に係る等級判定ガイドライン

等級判定ガイドラインとは

私が障害年金実務を手がけていた初期の頃（平成24年〜）障害基礎年金の認定は都道府県ごとに行われており、認定の結果にかなりのばらつきがありました。

通りやすい県と通りにくい県が存在し、その差が6倍もあったのです。選挙における「一票の格差」のようなイメージです。このことがマスコミで問題となり、厚生労働省が「精神の障害に係る等級判定ガイドライン」を作成し、平成28年9月1日から運用開始となって現在ではお住いの地域による格差というものは解消されました。

そして、具体的な運用方法は診断書における日常生活能力の判定の平均点と日常生活能力の程度の評価数値を使用します。これらを次ページの図表36に当てはめて障害等級の目安を導き出します。

〔図表36　ガイドライン等級の目安〕

〔表１〕障害等級の目安

判定平均＼程度	(5)	(4)	(3)	(2)	(1)
3.5以上	1級	1級 又は 2級			
3.0以上3.5未満	1級 又は 2級	2級	2級		
2.5以上3.0未満		2級	2級 又は 3級		
2.0以上2.5未満		2級	2級 又は 3級	3級 又は 3級非該当	
1.5以上2.0未満			3級	3級 又は 3級非該当	
1.5未満				3級非該当	3級非該当

《表の見方》

１．「程度」は、診断書の記載項目である「日常生活能力の程度」の５段階評価を指す。

２．「判定平均」は、診断書の記載項目である「日常生活能力の判定」の４段階評価について、程度の軽いほうから１～４の数値に置き換え、その平均を算出したものである。

３．表内の「３級」は、障害基礎年金を認定する場合には「２級非該当」と置き換えることとする。

《留意事項》

障害等級の目安は総合評価時の参考とするが、個々の等級判定は、診断書等に記載される他の要素も含めて総合的に評価されるものであり、目安と異なる認定結果となることもあり得ることに留意して用いること。

〔出所：図表36～41　厚生労働省　障害年金ガイドライン〕

これにより申請する方は事前にある程度の等級の予想がつくようになりました。実際の認定では等級の目安により2級相当や3級相当などと割り振られ、その上でその他の要素を加味して「総合判定」により最終決定されます。

総合判定となる要素

総合判定となる要素は次のとおりですが、細かいので手が回らない方は読み飛ばしていただいても結構です。ただし、等級の境目にいる方は読んでください。

① 現在の病状又は状態像

例えば、気分障害については現在の症状だけでなく「症状の経過（病相期間、頻度、発病時からの状況、最近1年程度の症状の変動状況など）及びそれによる日常生活活動等の状況や予後の見通しを考慮する」とされています。

また、発達障害の方については「知能指数が高くても日常生活能力が低い（特に対人関係や意思疎通を円滑にできない）場合は、それを考慮する」とされています。

② 療養状況

通院の頻度や治療内容についての項目で、服薬治療を行なっている場合は投薬目的や種類、内容、血中濃度なども考慮するとされています。ただ、医師によっては処方薬内容の記載がない診断書もあり、血中濃度のデータまで提供することはほとんど見られないので、記載があれば参考にするという項目です。

また、特に産前産後で服薬があまりできないような事情がある方については、診断書に書いてもらいましょう。

③ 生活環境

単身暮らしの不利な取り扱いに関わる部分で、日常的に家族の援助や福祉サービスを受けている場合はそのことを、ない場合でも「その必要があれば」そのことも指摘してもらったほうがいいでしょう。また、単身暮らしになった特別な理由がある場合にはそこもポイントになります。

例えば、家族との意思疎通が悪く、病状悪化を避けるために近所で単身暮らしをしているが、実態は援助を受けているなどの場合です。

④　就労状況

「労働に従事していることをもって直ちに日常生活能力が向上したものと捉えない」と書いてということは「労働による生活能力の把握があったこと」を意味します。障害者雇用や一般就労でも職場での援助内容などをしっかりと診断書に盛り込んでもらうようにしましょう。細かい内容ですが、何も伝えないと医師は簡潔に診断書を書くことが多いので注意が必要です。

⑤　その他

発育・養育歴の考慮や日常生活能力の程度と判定に齟齬がある場合の考慮などが規定されています。

実際の認定では、等級判定の目安通りにならないこともあるので、総合判定の各要素も重要です。特に「2級又は3級」の方などいわゆるボーダーラインの点数の方はできる限り総合評価に書かれている項目が盛り込まれた診断書のほうが役所に状況を伝えやすくなることは言うまでもありません。仮に、不本意な決定になった場合でもガイドラインに沿って不服申立てで改めて主張できるので、逆転の見立てがつきやすくなります。

図表37～41を以降に掲載しておきますが、巻末記載の読者特典ページにも障害認定基準やガイドラインなどの資料ＰＤＦもご用意しましたので合わせてご利用ください。配慮されている内容が詳細に書かれているほど、認定される確率は上がります。

〔図表37　総合判定について①・現在の病状又は状態像〕

①現在の病状又は状態像

	考慮すべき要素	具体的な内容例
共通事項	○　認定の対象となる複数の精神疾患が併存しているときは、併合（加重）認定の取扱いは行わず、諸症状を総合的に判断する。	−
	○　ひきこもりについては、精神障害の病状の影響により、継続して日常生活に制限が生じている場合は、それを考慮する。	−
精神障害	○　統合失調症については、療養及び症状の経過（発病時からの状況、最近１年程度の症状の変動状況）や予後の見通しを考慮する。	−
	○　統合失調症については、妄想・幻覚などの異常体験や、自閉・感情の平板化・意欲の減退などの陰性症状（残遺状態）の有無を考慮する。	・　陰性症状（残遺状態）が長期間持続し、自己管理能力や社会的役割遂行能力に著しい制限が認められれば、１級または２級の可能性を検討する。
	○　気分（感情）障害については、現在の症状だけでなく、症状の経過（病相期間、頻度、発病時からの状況、最近１年程度の症状の変動状況など）及びそれによる日常生活活動等の状態や予後の見通しを考慮する。	・　適切な治療を行っても症状が改善せずに、重篤なそうやうつの症状が長期間持続したり、頻繁に繰り返している場合は、１級または２級の可能性を検討する。
知的障害	○　知能指数を考慮する。ただし、知能指数のみに着眼することなく、日常生活の様々な場面における援助の必要度を考慮する。	−
	○　不適応行動を伴う場合に、診断書の⑩「ア　現在の病状又は状態像」のⅦ知能障害等またはⅧ発達障害関連症状と合致する具体的記載があれば、それを考慮する。	−
発達障害	○　知能指数が高くても日常生活能力が低い（特に対人関係や意思疎通を円滑に行うことができない）場合は、それを考慮する。	−
	○　不適応行動を伴う場合に、診断書の⑩「ア現在の病状又は状態像」のⅦ知能障害等またはⅧ発達障害関連症状と合致する具体的記載があれば、それを考慮する。	−
	○　臭気、光、音、気温などの感覚過敏があり、日常生活に制限が認められれば、それを考慮する。	−

〔図表38　総合判定について②・療養状況、生活環境〕

②療養状況

	考慮すべき要素	具体的な内容例
共通事項	○　通院の状況（頻度、治療内容など）を考慮する。薬物治療を行っている場合は、その目的や内容（種類・量（記載があれば血中濃度）・期間）を考慮する。また、服薬状況も考慮する。 　通院や薬物治療が困難又は不可能である場合は、その理由や他の治療の有無及びその内容を考慮する。	−
精神障害	○　入院時の状況（入院期間、院内での病状の経過、入院の理由など）を考慮する。	・　病棟内で、本人の安全確保などのために、常時個別の援助が継続して必要な場合は、１級の可能性を検討する。
	○在宅での療養状況を考慮する。	・　在宅で、家族や重度訪問介護等から常時援助を受けて療養している場合は、１級または２級の可能性を検討する。
知的障害 発達障害	○　著しい不適応行動を伴う場合や精神疾患が併存している場合は、その療養状況も考慮する。	−

③生活環境

	考慮すべき要素	具体的な内容例
共通事項	○　家族等の日常生活上の援助や福祉サービスの有無を考慮する。	・　独居であっても、日常的に家族等の援助や福祉サービスを受けることによって生活できている場合（現に家族等の援助や福祉サービスを受けていなくても、その必要がある状態の場合も含む）は、それらの支援の状況（または必要性）を踏まえて、２級の可能性を検討する。
	○　入所施設やグループホーム、日常生活上の援助を行える家族との同居など、支援が常態化した環境下では日常生活が安定している場合でも、単身で生活するとしたときに必要となる支援の状況を考慮する。	−
	○　独居の場合、その理由や独居になった時期を考慮する。	−
精神障害	−	−

〔図表39　総合判定について③・就労状況〕

知的障害 発達障害	○在宅での援助の状況を考慮する。	・　在宅で、家族や重度訪問介護等から常時個別の援助を受けている場合は、１級または２級の可能性を検討する。
	○　施設入所の有無、入所時の状況を考慮する。	・　入所施設において、常時個別の援助が必要な場合は、１級の可能性を検討する。

④就労状況

	考慮すべき要素	具体的な内容例
共通事項	○　労働に従事していることをもって、直ちに日常生活能力が向上したものと捉えず、現に労働に従事している者については、その療養状況を考慮するとともに、仕事の種類、内容、就労状況、仕事場で受けている援助の内容、他の従業員との意思疎通の状況などを十分確認したうえで日常生活能力を判断する。	
	○　援助や配慮が常態化した環境下では安定した就労ができている場合でも、その援助や配慮がない場合に予想される状態を考慮する。	
	○　相当程度の援助を受けて就労している場合は、それを考慮する。	・　就労系障害福祉サービス（就労継続支援Ａ型、就労継続支援Ｂ型）及び障害者雇用制度による就労については、１級または２級の可能性を検討する。就労移行支援についても同様とする。 ・　障害者雇用制度を利用しない一般企業や自営・家業等で就労している場合でも、就労系障害福祉サービスや障害者雇用制度における支援と同程度の援助を受けて就労している場合は、２級の可能性を検討する。
	○　就労の影響により、就労以外の場面での日常生活能力が著しく低下していることが客観的に確認できる場合は、就労の場面及び就労以外の場面の両方の状況を考慮する。	－
	○　一般企業（障害者雇用制度による就労を除く）での就労の場合は、月収の状況だけでなく、就労の実態を総合的にみて判断する。	－

〔図表40　総合判定について④・就労状況〕

精神障害	○　安定した就労ができているか考慮する。１年を超えて就労を継続できていたとしても、その間における就労の頻度や就労を継続するために受けている援助や配慮の状況も踏まえ、就労の実態が不安定な場合は、それを考慮する。	－
	○　発病後も継続雇用されている場合は、従前の就労状況を参照しつつ、現在の仕事の内容や仕事場での援助の有無などの状況を考慮する。	－
	○　精神障害による出勤状況への影響（頻回の欠勤・早退・遅刻など）を考慮する。	－
	○　仕事場での臨機応変な対応や意思疎通に困難な状況が見られる場合は、それを考慮する。	－
知的障害	○　仕事の内容が専ら単純かつ反復的な業務であれば、それを考慮する。	・　一般企業で就労している場合（障害者雇用制度による就労を含む）でも、仕事の内容が保護的な環境下での専ら単純かつ反復的な業務であれば、２級の可能性を検討する。
	○　仕事場での意思疎通の状況を考慮する。	・　一般企業で就労している場合（障害者雇用制度による就労を含む）でも、他の従業員との意思疎通が困難で、かつ不適切な行動がみられることなどにより、常時の管理・指導が必要な場合は、２級の可能性を検討する。
発達障害	○　仕事の内容が専ら単純かつ反復的な業務であれば、それを考慮する。	・　一般企業で就労している場合（障害者雇用制度による就労を含む）でも、仕事の内容が保護的な環境下での専ら単純かつ反復的な業務であれば、２級の可能性を検討する。
	○　執着が強く、臨機応変な対応が困難である等により常時の管理・指導が必要な場合は、それを考慮する。	・　一般企業で就労している場合（障害者雇用制度による就労を含む）でも、執着が強く、臨機応変な対応が困難であることなどにより、常時の管理・指導が必要な場合は、２級の可能性を検討する。
	○　仕事場での意思疎通の状況を考慮する。	・　一般企業で就労している場合（障害者雇用制度による就労を含む）でも、他の従業員との意思疎通が困難で、かつ不適切な行動がみられることなどにより、常時の管理・指導が必要な場合は、２級の可能性を検討する。

〔図表41　総合判定について⑤・その他〕

⑤その他

	考慮すべき要素	具体的な内容例
共通事項	○「日常生活能力の程度」と「日常生活能力の判定」に齟齬があれば、それを考慮する。	－
	○「日常生活能力の判定」の平均が低い場合であっても、各障害の特性に応じて特定の項目に著しく偏りがあり、日常生活に大きな支障が生じていると考えられる場合は、その状況を考慮する。	－
精神障害	○　依存症については、精神病性障害を示さない急性中毒の場合及び明らかな身体依存が見られるか否かを考慮する。	－
知的障害	○　発育・養育歴、教育歴などについて、考慮する。	・　特別支援教育、またはそれに相当する支援の教育歴がある場合は、２級の可能性を検討する。
	○療育手帳の有無や区分を考慮する。	・　療育手帳の判定区分が中度以上（知能指数がおおむね５０以下）の場合は、１級または２級の可能性を検討する。それより軽度の判定区分である場合は、不適応行動等により日常生活に著しい制限が認められる場合は、２級の可能性を検討する。
	○　中高年になってから判明し請求する知的障害については、幼少期の状況を考慮する。	・　療育手帳がない場合、幼少期から知的障害があることが、養護学校や特殊学級の在籍状況、通知表などから客観的に確認できる場合は、２級の可能性を検討する。
発達障害	○　発育・養育歴、教育歴、専門機関による発達支援、発達障害自立訓練等の支援などについて、考慮する。	－
	○　知的障害を伴う発達障害の場合、発達障害の症状も勘案して療育手帳を考慮する。	・　療育手帳の判定区分が中度より軽い場合は、発達障害の症状により日常生活に著しい制限が認められれば、１級または２級の可能性を検討する。
	○　知的障害を伴わない発達障害は、社会的行動や意思疎通能力の障害が顕著であれば、それを考慮する。	－
	○　青年期以降に判明した発達障害については、幼少期の状況、特別支援教育またはそれに相当する支援の教育歴を考慮する。	－

年金受給事例③

関東在住Aさん（40代女性）双極性障害 障害年金受給後、行政書士試験合格、開業登録

Aさんは外資系企業に勤めるキャリアウーマンであった。勤労意欲やスキルも高く、着実にキャリアを積み上げていった。平成20年頃、新会社の立ち上げ時に過労による疲労と関係者からのパワハラなどで心労が重なった。責任ある立場で体調不良を自覚しながらも仕事に従事していたが周囲の同僚に異変を指摘され、専門医を受診。うつ状態の診断で在宅ワークに切り替えるが、自責の念にかられたという。

その後、自宅療養しながら再就職をするも、外資系のハイポジションの仕事は精神的な負荷が著しく、当初の症状が再燃して双極性障害と診断される。情緒不安定で自傷行為をしたり、休職・復職を繰り返すも好転せず、退職となった。そこで障害年金の申請を考えた。

平成26年5月に申請は無事に2級で通り、最低限の経済的な安定は得て、社会復帰を考えるようになった。Aさんは私とやり取りをする中で、非常に能力が高い一方で、症状に波がある状況だったので、決まった時間に出勤する会社勤めの形式より、私のようなフリーランスの働き方のほうが合っているのではと考えて、資格の取得と自由業の提案をした。その後、勉強法などのアドバイス

を続け、平成27年に行政書士1度目の試験を受けるも不合格。翌年は体調不良にて受験せず、平成29年の2度目の受験で見事に合格した。私は何人かに国家試験のアドバイスをしたことがあるが、合格したのはAさんが初めてで驚いた。その後、開業資金を貯めるために1年ほど社労士事務所でアルバイトなどを経験し、令和元年秋に見事開業登録。開業後の動き方や販促ツールの作成などは私がサポートをして、体調と相談しながらAさんは精力的に活動している。今は私もAさんに仕事の依頼をして助けていただいている。

Aさんの事例は、行政書士開業登録へのストーリーであったが、提案の本質は「自分の裁量で仕事ができる環境」ということである。どうしてもうつ病等精神疾患を抱えている方は、気分の波があり勤怠が不安定となり、安定就労への道のりが長い。

そこで雇用契約ではなくて、請負や委任といった「クライアントの仕事を完成する」という働き方は、時間に縛られず自分の体調と相談しながら取り組めることが大きなメリットである。もちろん、事業である以上軌道に乗せるには努力が必要であるが、仕事量や収入も自分でコントロールできるところがメリットだと考えている。国家資格を取って独立ということは難易度が高いかもしれない。しかし、1つの技術（デザイナーなど）があれば、企業に所属しながらでも在宅で自分の裁量において仕事をする環境は増えつつある。

新型コロナウィルスの影響や政府による働き方改革の推進という時代背景も相まって、在宅ワークやテレワークなどの働き方が今後加速的に求められていくので、そこを目指すのも1つの方法である。

法律系国家資格を目指すとしたら、行政書士の他にも社労士、司法書士、税理士、弁護士など色々ある。試験の難易度と開業のしやすさは全く別のものである。行政書士や社労士、司法書士などは実務経験がなくてもすぐに開業できるのが利点だと考える。どの資格も様々な活用の仕方がある。私のように障害年金専門など1つのことに絞ることや、あなたが興味をもつ分野に取り組んでみるのもいい。それには自分を棚卸するといいでしょう。あなたが当たり前に感じているスキルが世の中に必要とされていることは意外にたくさん隠れているのである。

第3章　まとめ

◆精神疾患での申請においては、病名が非常に重要な要素となる。
◆医証に前医の記載がないかを確認する。
◆障害認定ガイドラインの等級の目安に大まかに振り分けられる。
◆等級の目安は日常生活能力の判定と程度を点数化した組合せによってされる。
◆日常生活能力の判定の7項目に関わる内容を医師にしっかりと伝える。
◆最終認定は等級の目安だけでなく総合評価で行われるので特に就労している方や単身者の方などはより細かく診断書に盛り込んでもらうこと。

コラム⑤ カルテ（診療録）開示の手数料

障害年金の申請を行う中でカルテ開示（コピーをいただく）を行う場面は意外と多いものです。初診日を特定する場面や特殊な診断書作成依頼時にも行うことがあります。

カルテは個人情報取扱事業者（病院）が保有するあなた個人を識別できる保有個人データということになります。あなたがこれを開示請求することは個人情報保護法によって認められています。

開示請求はその場で閲覧するだけでなくて、写しの交付（コピーをもらうこと）もできます。障害年金の申請では、コピーを申請書類に添付したり、役所の照会に応じたりすることもあります。

開示請求は窓口にてその場でいただけることは少なく、たいていは病院の決裁が必要です。一旦窓口で所定の開示請求書を書いて数週間程度回答を待つということになります。

厚生労働省の「診療情報の提供に関する指針」の中で患者等の自由な申し立てを阻害しないために申立て理由の記載を求めることは不適切である、とされています。

しかし実際の書類には開示理由を書くところがあり、記載方法に悩むと思います。「障害年金の申請手続で年金事務所に提出する」などと書けば問題ないでしょう。

そしてカルテ開示の手数料については、個人情報保護法の中で、実費を勘案して合理的と認められる範囲内において有料とすることができるという規定があるので、基本的に有料だと考えましょう。

ただ、その開示手数料が病院によってばらつきがあり、問題にもなっております。良心的なところもあれば単純に枚数×コピー代だけのところもあります。開示基本料プラスコピー代が加算されるようなところもあります。

しかし、厚生労働省の調査で白黒コピー1枚で5000円以上かかる病院も主要病院の2割に上るということでした。私の経験の中でも4～5枚で2万円くらいの請求をする街中のクリニックの例があったり、何がなんでも拒否されたケースすらありました。

私が経験した感覚では、街中のクリニックは良心的にその場でコピー代のみで提供してくれるところがある一方、1～2万円かかるところもありました。小さなクリニックですとコピーを取るスタッフの作業時間の確保などが関係してくるのかもしれません。

大きい病院ですと院内決裁の時間はかかりますが、開示のお願いはしやすく、1万円以内で収まっていることが多いです。

障害年金の申請はすべて自分で書類を集めなければなりません。特に初診のカルテがなく初診日の証明ができない状況になると、それ以降は探偵のように辿って証拠集めをしなければならない茨の道となってしまいます。そこでさらに高額なカルテ開示費用などがかかってくると本人の精神的、経済的負担は計り知れません。

第4章

申請完了後はどうすればいい

1　申請結果を確認する

結果通知の内容を確認

障害年金の申請をしておよそ2～3ヶ月すると自宅に年金機構から三つ折りの普通郵便で結果通知が送られてきます。すぐに開封して内容を確認しましょう。受給が決定した場合は年金証書が同封されています。

①　お名前などの情報に間違いがないか確認します。

②　等級：年金証書右下の枠内に「2級16号」などの記載があります。

③　受給権を取得した年月：事後重症で申請した方は、役所に申請された年月となっています。遡求請求をした方で、こちらに古い年月が入っている場合は遡って決定が出たということになります。

※遡求分は不支給、事後重症のみ受給と結果が分かれる場面もあります。この場合、年金証書と不支給決定通知書の2通が届くことになるので驚かないようにしましょう。

④　受給金額：国民年金の方は一段、厚生年金の方は上下二段書きになります。合計額を足した金額が年額で12で割るとおおよその月額が計算できます。支給は2ヶ月に一度、前2ヶ月分です。

⑤　加算・加給の金額：2級以上の方には、配偶者やお子様の加算がつく場合があります。受給金

額欄を今一度確認してみましょう。

⑥　次回更新月：年金証書右下の枠内に「令和３年２月」など記載があります。この更新月はあなたの誕生月です。精神疾患は有期認定で１年～５年の間で国によって設定されます。

私の実感としては、必ずしも症状の軽重で更新期間が設定されていない印象です。病状が重い方でも１年更新の方がいる一方、軽めの方でも３～４年の方もいて、これは各認定医の裁量の範囲なのかと感じています。

2　診断書の更新手続

診断書１枚だけの審査

更新年月の３ヶ月前になると、年金機構から更新用の診断書用紙が郵送され、誕生月の末までに提出するようにと指示があります。

診断書作成まで時間がかかるので早めに医師に依頼しましょう。更新時には新規申請とは異なり、診断書１枚だけの審査です。

普段から医師に症状や就労状況などをきちんと伝えていればいいですが、診察を簡潔に済ましている方は、更新が近づいてきたらなるべく早い段階から自宅での症状や様子などを医師に伝えるようにして、過不足のない症状で書いてもらうようにしましょう。

3　不支給や不本意な決定通知が届いた場合の対応

審査請求期間の制限

2級の想定で3級となったり、遡求申請が認められなかったり、そもそも完全な却下や不支給になるなど不本意な結果になってしまうことがあります。

この場合、すぐに不支給通知書の内容を確認してその後の対応を検討しましょう。

なぜなら、不服申立ての第一審の審査請求を行う場合、「知ってから3ヶ月以内」という期間制限があるからです。

①　却下処分とされている場合

却下というのは内容の審査はされず、門前払いという意味です。特に初診日の証明ができなかった場合が多いです。

当初申立てていた初診日が否定され、役所が指定した日を初診日とされることもあります。初診日が変わった結果、保険料の納付を満たさず、却下処分となることもあります。

②　等級不該当

国民年金の方は1~2級に該当しない場合、厚生年金の方は1~3級不該当の場合は等級不該当と書かれています。ただし、細かい理由は一切載っておらず、就労しているからなのか、病状の程度が軽かったからなのか理由はわかりません。

詳しい理由を知るには

詳しい理由を知るためには、「保有個人情報開示請求手続」を行います。これにより、申請書類の控えや役所が認定の際に使用した「障害状態認定表（認定調書）」などを入手することができます。障害状態認定表（認定調書）には、不支給理由が載っていますが、実際には認定医のメモ書き程度のものです（保有個人情報開示請求書　厚生労働省で検索）。

もう1つの方法は、申請手続をした年金事務所経由で実際に審査を行う障害年金センターに不支給理由を聞いてもらうことです。どちらも曖昧な回答が多いので過度な期待はできませんが、次の行動を考える手がかりにはなります。

4　不服申立てを行う

不服申立ての流れ

不服申立ての手続は、裁判とは違って役所に対して「もう一度、考え直してくれ」と請求していく手続です（図表42）。

大きく分けて審査請求と再審査請求の2回できることになっています。

〔図表42　不服申立ての流れ〕

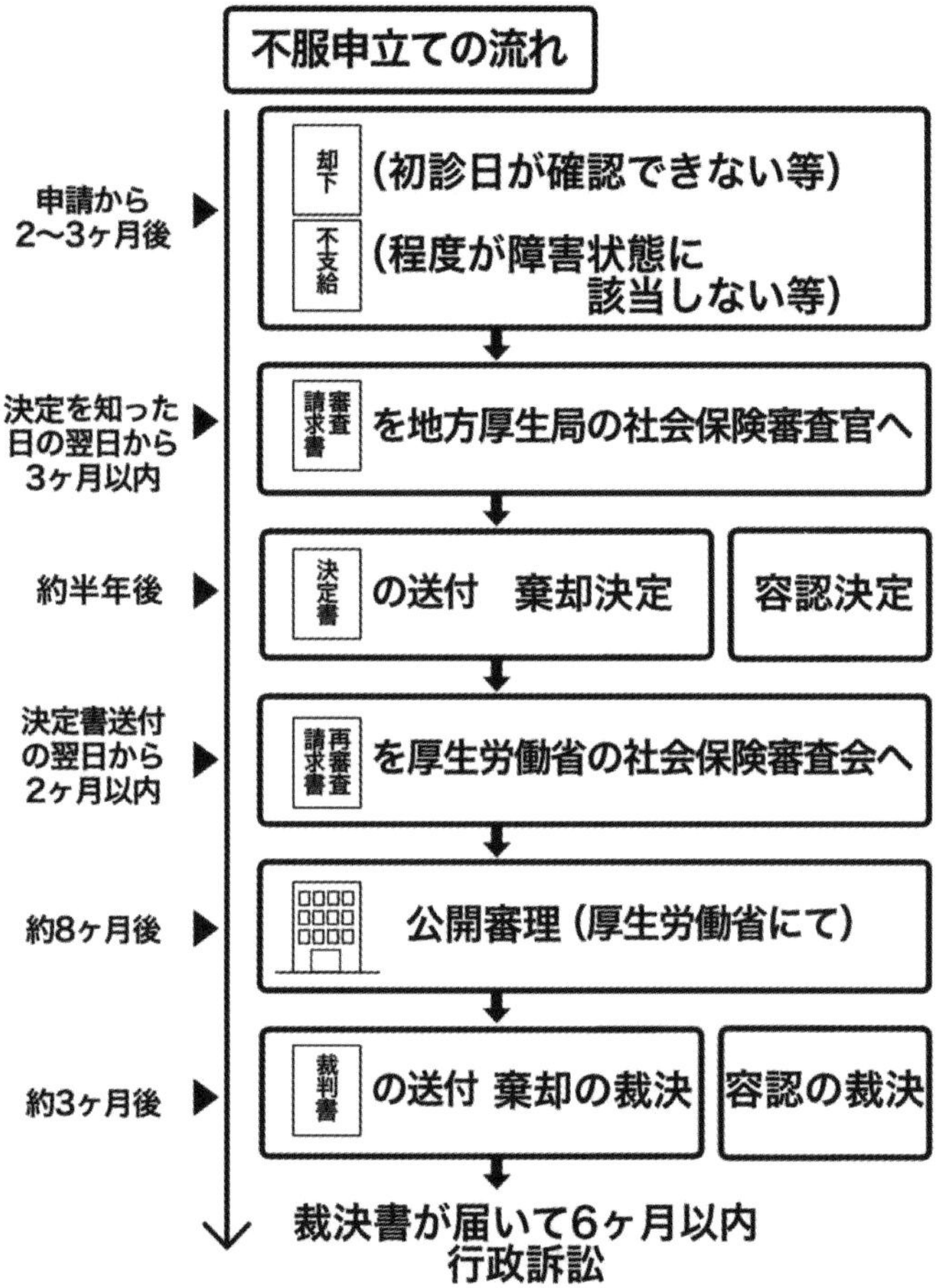

不服申立ての流れ
申請から
2〜3ヶ月後
却下
（初診日が確認できない等）
不支給
（程度が障害状態に
該当しない等）
決定を知った
日の翌日から
3ヶ月以内
審査請求書
を地方厚生局の社会保険審査官へ
約半年後
決定書
の送付　棄却決定
容認決定
決定書送付
の翌日から
2ヶ月以内
再審査請求書
を厚生労働省の社会保険審査会へ
約8ヶ月後
公開審理（厚生労働省にて）
約3ヶ月後
裁判書
の送付 棄却の裁決
容認の裁決
裁決書が届いて6ヶ月以内
行政訴訟

①　審査請求

申立期間が、不支給通知が届いたことを知ってから３ヶ月以内なので、早めの準備が必要です。書類の提出先は、年金事務所か最寄りの厚生局です。

審査請求書は年金事務所や厚生局から、または厚生局のＨＰからもダウンロードできます。必要事項を書いて提出します。手数料はかからず、審査期間はおよそ半年くらいです。

審査請求は社会保険審査官１人が担当で基本的に書類審査です。希望すれば口頭意見陳述という審査官や国の保険者と直接口頭で意見を言う機会を得ることができます。会議室で非公開で行います。国の保険者は関東の場合はテレビ会議システムの方法でやり取りをします。

審査請求での結論は、容認の決定（決定の覆り）と棄却（認められない）の判断に分かれます。また、国が当初決定した処分を自主的に見直しをしたため、こちらの請求が認められるケースもあります。（処分変更と言います）

現状、審査請求の容認率が極めて低く、おそらく多くの方は、２回目の再審査請求に進むことが考えられます。

②　再審査請求

審査請求において棄却の決定書が届くと、１回目が認められなかったことがわかります。この場合決定書が届いてから２ヶ月以内に二度目の不服申立てをすることができます。複数の人で判断し、また民間人も入っているので、より民意が反映されやすいと言われています。しかし、ここ数年は認められることが大幅に下がってしまいました。直近の統計でいうと容認率は12％程度です。

審査は厚生労働省本省にて公開の場で行われ、傍聴することも可能です。再審査請求書を提出して順番が回ってくるまで8ヶ月ほどかかります。公開で審理される期日は1ヶ月くらい前に書類で郵送されてきます。国民年金の方は火曜日の午後、厚生年金の方は木曜日の午後と決まっています。特に出席は義務ではなく、欠席の場合は提出された書類のみで審査されることになります。

出席の有無によって結果に影響がないと言われていますが、これまで書類審査のみで直接お話しする機会がなかった方にとっては、書類では伝えられなかったことなどを直接お話することができます。ただ、日にちの変更ができないことと、東京の霞が関にある厚生労働省で行われるため、関東以外の地方に在住の方にとっては旅費の負担や移動による病状への負担が心配です。それと公開の場で行われ、当日は審査員や関係者、傍聴人など十数人以上に取り囲まれた緊張の中で話すことになるため、話したいことは事前にメモを用意する必要があります。

5　再度新規申請を試みる

不支給になっても出し直すことができる

一度不支給になったからといって、二度と申請ができないということはありません。不支給通知書にも65歳に達する前日まで（お誕生日の２日前）に出し直すことができる、と書いてあります。この場合、新規の申請時と同じものを再度すべて用意するということです。

ただし、過去の遡求請求の再請求は余程の理由がない限り難しいでしょう。今後の分に関しては、期間を空ければ当然病状が変化してしかるべきだからです。

私は３ヶ月空けて２回目の申請をしたことがありますが、不支給になってしまいました。診断書内容にもよりますが、どれくらいの期間を空けるかについては慎重に考えたほうがいいでしょう。

診断書を作成する医師も二度目、三度目になると、やはり落ち込むものです。通る可能性があると考えて尽力したのに２度も落ちると、「さすがにこれ以上、書きようがないよ…」と医師に言われたこともあります。

不服申立てと再度の新規申請のことを説明しましたが、これらは完全な別手続なので、どちらかでなく、両方並行して進めることもできます。私も両方するという選択肢を取ることもあります。

なぜなら、不服申立ては一審の結果が出るまで半年程度はかかります。そして、二審では提出して呼び出しまで８ヶ月ほど、そして最終的な結果が届くのにさらに３ヶ月ほどかかり、合計１年半ほど要してしまうからです。

この１年半の間、何も申請ができないとなると生活が一気に困窮してしまいます。したがって、どこかのタイミングで再度の新規申請を検討して、取り急ぎ、今後の分を確保するという選択肢を考えることになるわけです。

不服申立てや再度の新規申請、これらの併用ということを判断するには相当程度熟練した判断能力と経験が必要です。

私の元へ来た相談者に、自分で3度申請したけど通らなかった、という方がいました。「同じ内容」で何度やっても結果は同じ…という印象です。再度申請をすることができますが、きちんとした方針立てが必要です。

方針を立てるためには、なぜ不支給になったか理由を確認する必要があります。まずは前回申請した際の診断書や申立書などの控えを取り寄せて見直しましょう。

6　症状が悪化すれば等級の見直しを求める

額改定請求

3級の障害年金を受け取っている方が、その後病状が悪化した場合は2級以上への等級の見直しを求める申請ができ、これを額改定請求と呼びます（2級から1級も同様）。

これは次の更新の期日を待たずに行うことができますが、前回の審査から1年以上経過していることが必要です。この場合の申請書類は額改定請求書と診断書のみです。

就労している方は2級に該当することが難しいので、休職している期間や仕事をしていないタイミングに合わせて申請することが効果的と考えられます。

7　止まってしまった年金の再開を求める

支給停止後も停止の解除を求める申請ができる

障害年金を受給された方がその後、病状がよくなって障害状態に該当しなくなり「止まってしまう」ことがあり、これを支給停止と呼びます。マスコミの報道でも「打ち切り」と表現されていたので誤解されやすいのですが、一時止まっているだけで、権利を失うことではありません。

したがって、その後再び障害状態に該当しているということでしたらいつでも停止の解除を求める申請ができます。「受給権者支給停止事由消滅届」に診断書を付ければ再開の申請ができます。

年金受給事例④
福島県在住Kさんご夫妻（40代）
ご夫婦での障害年金受給、そして揃って社会復帰

Kさんのご主人からご相談をいただいたのは平成29年5月のことであった。ご自分と同居の奥様のお2人の件であった。Kさんは温厚で真面目で面倒見がよく、人一倍の頑張り屋さんのタイプであった。自身は責任ある仕事とその他複数の活動を掛け持ちでこなしていたところ、慢性的な疲労

感に陥ってネット診断でうつ病であることを考え、専門医を受診したという。交代制の仕事で生活リズムが狂ったことも大きな要因であると思える。同居の奥様については15年以上統合失調症の幻覚や幻聴に悩んでいるという相談であった。

夫婦とも精神疾患を患っている事例は多く、当初はどちらかがうつ病などを患い、その後サポートする側の人も倒れてしまうケースもある。夫婦とも精神疾患で働けない状況になると経済不安が一気にのしかかってくるため、公的支援の利用は急務であろう。

手続は夫婦同時並行で行った。どちらも過去の遡及請求を目指し、私も資料を取り揃え、医師の許可を取って病院同行に行くなどして慎重に進めた。同行で奥様に初めてお会いした際の印象はうつむき加減で緊張されている様子であった。事前のお話で声や手足の震えも気にされているということでしたので、不安症の症状も強いと認識していた。ご主人が病気の中でも主導権をもって生活をけん引されていた様子であった。

申請手続は東京と福島の2か所で診断書を取得して、奥様のほうは無事に2級で遡及請求が認められた。ご主人のほうは、遡及請求は残念ながら認められなかったが(再審査請求まで行うも棄却)、平成29年暮れには今後の分として夫婦共々2級の受給となった。そこから執筆時点で2年以上経過して、その後の状況をお聞きしようと電話をすると、お2人とも当初とは別人のような声色で私も驚いた。その後お2人とも段階を経て、障害者枠就労で社会復帰されていたのである。自信の漲るような張りのある声で日々の充実をうかがえる状況だったので今回お話をお聞きすることにした。

年金申請から受給までの経緯

土橋：どういう経緯で障害年金の申請を考えたのですか？

Kさん（夫）：元々介護系に勤めていたので制度自体は知っておりましたが、夫婦とも働けない状況になってしまったので、経済的不安を解消すべく利用を考えました。

土橋：病気になったきっかけはどのように思いますか？

Kさん（夫）：元々何でも抱え込みやすいタイプで、いわゆる断れないタイプでした。根底に「認められたい」ということがあったのかもしれませんね。

Kさん（妻）：幼少期から、人にどう思われているのかすごい気になっていて漠然と「いなくなりたい」という気持ちになっていた記憶があります。父母がケンカしがちで割と厳しい家だったと思います。それが高校になってから隣家からの音が家族を傷つけていると思い込んだり、気分の波がありました。

土橋：このような経緯の中、病気が長期化したことで障害年金の申請に至るわけですが、どのような存在でしたか？

Kさん（妻）：一筋の希望ではありましたが、難しいことを知っておりましたし、通るとは思いませんでした。

Kさん（夫）：経済的な不安を解決してくれる存在です。ただ、社会復帰までのつなぎとして考えておりました。

土橋　：そこから紆余曲折あって無事受給が決定して、社会復帰への足掛かりになったのでしょうか？

Kさん（夫）：はい、経済的不安が解決すると、まずはゆっくりと静養することができます。1〜2年かけて充電すると気力が漲ってきました。

土橋　：社会復帰が思うように進まない方が多い中、どのようなステップで進めていくことが効果的ですか？

Kさん（夫・妻）：小さなことでもいいので、まずはやってみようということです。散歩や入浴からでもいいです。横になっていることも必要ですが、動ける範囲で動いて、早めにリハビリをしていくことが長期化を防ぐポイントかもしれません。2人で一緒に出掛けたりすることも息抜きの1つになっています。

土橋　：就労に関して注意されていることはありますか？

Kさん（妻）：今でも症状が残っているので、仕事帰りは特に疲労を感じます。なので疲労を感じたらすぐに睡眠を取るようにしています。ただ、症状をオープンにして勤めており、会社が常に配慮してくれているので安心感があって助かっています。

Kさん（夫）：私の場合は知人のツテで入社しました。責任者にオープンにできるのはやはり安心です。人との触れ合いを通じて楽しさを感じ、段階を経て今に至ります。役割を持つことで生活にハリが出てくる気がします。どちらかというと仕事をしながら、徐々に気力が湧いてきました。

土橋　　　　：社会復帰に際して障害年金はどのような存在ですか？

Ｋさん（夫）：安心の一言です。一足飛びに復帰はできないので、下支えはありがたいです。

土橋　　　　：社会復帰してお２人とも見違えるほど活き活きとされていますが、取り組んでおられることとか将来の夢などはありますか？

Ｋさん（夫）：いつか、行政書士で開業してみたいです。成年後見など福祉系に興味があります。とはいえ、まずは足元を一歩ずつ、今のお仕事を頑張っていきたいと思います。

Ｋさん（妻）：お仕事はできる範囲で頑張って、夫と共に生活の基盤を作っていきたいと思います。写真を撮る趣味ができたので、気ままに撮ったりして、心の潤いになればと思います。夫の夢を応援するのも私の楽しみであり、務めだと思っています。


一歩ずつ着実に社会復帰していくＫさんご夫妻。障害年金で経済的不安を軽減して、将来の夢もあるということで今後も応援していきたいと考えている。

Ｋさん夫婦のインタビューを通して改めて、障害年金の役割を認識することができた。生活が極限まで追い込まれたときに届いた受給決定書の安心感。次回の更新まで収入が確定していることへの安心感。段階的に社会復帰する際には、収入の下支えになってくれる。また、安定就労して、障害年金の補助が要らなくなったら手放すこともできる。再発したときはまた受給の再開もでき、一度受給決定をもらっておくとお守り代わりになってくれるのである。

うつ病精神疾患で障害年金を申請しようと考えている方は、Kさんのように真面目な方が非常に多いです。申請するときに「私は受け取っていいのだろうか？」と悩む方も多いと思う。私は受給の資格があるのであれば、「堂々と受け取ってください」といつも伝えている。それは、働けなくなったときに備えて年金保険料を毎月納めてきたからです。年金を納めることは立派な社会貢献と言えるからである。

第4章まとめ

◆申請して2～3ヶ月ほどで結果が郵送されるので内容確認すること。
◆不本意な結果が出たら、不服申立ての手続があるが期間制限に注意すること。。
◆不服申立ては、審査請求と再審査請求の二審制となっている。
◆不服申立てと再度新規の申請を並行して行うことも可能。
◆病状が悪化した場合には、等級を上げてもらう額改定手続がある。
◆一旦止まってしまった年金を再開する手続がある。
◆更新手続は、診断書1枚で審査が行われる。
◆更新手続する際に同時に額改定手続をすることができる。

第5章

障害年金受給後、社会復帰までの3つのアプローチ

1　社会復帰するための価値的な障害年金の使い方

①　生活の安定を図る

障害年金の申請を決断するきっかけの多くは、病気で働けなくなったことや、就業日数が減って収入が減少してしまう不安が原因かと思います。

だからこそ、障害年金の受給により最低限の生活を確保したいと考えていると思います。経済的な苦難は想像を絶する不安です。まずは目の前の安定した生活の確保に寄与することが障害年金の大きな目的です。

年金は「年単位」の社会保障です。一度受給決定がされると次回の更新までは確定した収入となります。一度きりではなく、継続して入金されることが精神的な安心材料となります。初回の更新は最低1年以上あるので、この間冷静に再就職を目指すのか、しばらく療養を続けるのかということを考えることができるでしょう。

②　家事代行などの費用に充てる

障害年金の相談をされる方の中には、ご主人が奥様のご相談をされるケースが一定数いらっしゃいます。ご主人が自分の仕事をしつつ、帰宅後に家事や育児なども行うという、いわゆる「ワンオぺ」のケースです。このケースでご主人も倒れてしまったケースを何件も見てきており、そうなる前に障害年金の活用が望まれます。

真面目で家族思いの方が多く、自分の仕事もこなし、帰宅してからの食事の支度や掃除・洗濯・育児などフルに動いている方が多いです。土日祝日も家事に追われて休みが全く取れない場合もあります。このケースでは働くご主人が家事や育児のために残業を減らしたり、休日出勤をなくしたり、本来もっと働けるところ家事のために労働時間を減らして、お給料も減ってしまうというところに問題があります。協力していただける会社の理解はありがたいことですが、本来働けていれば得られるはずだったお給料が減ってしまうことは、損失と言えるでしょう。

このような場合、病気の奥様が障害年金の受給をして、得られた年金で家事代行などを利用することによって、ご主人の負担を軽減することが可能です。家事負担など精神的・肉体的負担の軽減と、仕事への時間を増やせて収入も増やせるという効果も期待できます。

病気を患っている奥様自身も家事などができないことに負い目を感じてしまっており、自責の念に駆られることが多いようです。そこで障害年金という自分の収入で問題解決ができることによって心身の安定につながります。

③　自分の健康への投資をする

ある程度生活が回る方、または回るようになってきた方はぜひ自分の健康にある程度お金をかけてみるとよいです。経済的にとても苦しい時期は、食べるものや日用品の質も落として生活されていることと思います。先行きへの不安から慎ましい生活を送ることはいいことです。ただ、「社会復帰」を考えていくと、「動ける身体」を手に入れることが大事になってきます。

例えば、うつ病の方の多くは肩こりや腰痛などの身体症状を抱えています。今までは身体が痛くても接骨院にすら行けなかったとしたら、まずは治療を受けてみる、カイロプラクティックなどの治療を定期的に受けて体調の回復を図る。歯の治療なども行えなかった方などは歯科治療を受けるなど健康回復に充てることも有用です。食べ物を添加物の多い食品やレトルト食品などから、自然食品に切り替えるのもいいでしょう。

遡及申請で多くの一時金（4〜500万円など）を得た方の中には、今までの生活習慣からすべて貯金に回す方が多い印象です。しかし、社会復帰という観点からすると、健康への投資や、資格試験の勉強など自分のスキルアップに一定額を自己投資することもよいでしょう。私のお客様で障害年金受給後に行政書士の試験に挑戦されて見事合格、さらに昨年（令和元年）に開業したという報告もいただいています（第6章に事例を掲載）。他にも簿記検定を取得したり、パソコン関連の資格を取得して就労につなげた方もいます。

今まで我慢してきたスキルアップやキャリアアップに投資して、充実した時間を過ごすこともできるので、社会復帰の段階に入った方は実践してほしいと思います。生きがいを持つことの意義は大きいものです。

一方で、自己投資ではなく、浪費してしまう方を一定数見てきました。遡及申請で多額の一時金が入り車やバイクを買ってすべてなくなってしまった、などのケースです。遡及請求で得られる金額は1回きりで、使ってしまったら終わりです。

「数年の病気の苦労が遡及の認定によって報われた」、という方が多いですが、使い道をしっかりと考えて計画的に使っていただきたいところです。貯金、健康への自己投資、スキルアップなど配分するといいでしょう。趣味にお金を使うことのすべてが浪費なのでなく、バランスの問題だと思います。写真の趣味があってカメラを購入したり講座を受講することなどは心に潤いを与えてくれるものです。ただし、双極性障害の方は軽操状態になると浪費しがちなので、自身で金銭管理ができない場合は、きちんと金銭管理ができるご家族などに託しましょう。私のお客様の中には、ご自分や家族で金銭管理ができずに成年後見制度を利用している方がいます。

2　社会復帰するために必要な主体的な治療

①　処方されているお薬を知る

数百名の医師面談に同席し、その現場で医師と患者とのやり取りを見聞きした中から社会復帰への手がかりをお伝えします。

まず、あなたが処方されている薬をきちんと把握するということです。うつ病の方であれば抗うつ薬や安定剤、睡眠導入剤などといったものが処方されていると思います。これらについて自分なりにどんな薬物をどれくらいの量で服用しているのか把握していただきたいのです。多くの方は短い診察の中で限られた病状しか伝えておらず、その情報を元に医師から処方を受けていることでしょう。

自分の処方されている薬を知る具体的な方法として、第一段階はネットで薬の内容を調べる、または、『こころの治療薬ハンドブック　第12版』井上猛ほか編（星和書店、２０１９）などでお薬の情報を調べることから始めます。

すると、処方されているお薬の薬効の違いが徐々にわかってきます。自分で関連するお薬の情報を調べることができ、重複した処方がないかなどを検証することもできます。重複薬を見つけたら、医師に必ず相談しましょう。

第二段階は、あなたの日常生活での具体的な支障に合わせて「あなた自身で」医師とお薬の処方に関する対話を行うことです。

医師から聞いたことですが、抗不安薬でも時間や不安を和らげる効果にも違いがあるそうです。作用時間だと短時間作用型、中時間作用型、長時間作用型などの分類に、抗不安効果にも筋弛緩作用が強いものや鎮静作用が強いものなどがあります。

短時間作用型の代表的なものはデパスです。服用後速やかに吸収され、約3時間で血中濃度がピークになり、その後体内で代謝され、約6時間で半減期（血中濃度が半分になる）になるそうです。

中時間型ですと、レキソタンが代表的な薬で、服用後約1時間で血中濃度のピークに達し、約20時間で血中濃度が半分になります。

その他ホリゾンを代表とした半減期24時間以上の長時間作用型の種類もあります。短時間作用型は排尿までの期間が短く、いわゆるキレがいいので体に残らない一方、効き目が薄れた際の自覚もハッキリしてるので、依存性が強いというお話でした。

頓服として不安が発生したときのみ使用する分には依存にはならないようです。お酒で例えるならば、飲み会でしか飲まない方と、常用で毎日ご自宅でも飲んでいる方では事情が異なってくるということでしょう。

不安が常時ある方は長時間作用型を使用して、それでも足りない分はさらに短時間作用型を併用するなどして対処するようにという指示を現場で何度も耳にしてきました。

なぜこのような薬効に強くなる必要があるのかというと「社会復帰のために」、「主体的な治療」をするためです。医師に処方されるお薬に何も疑問を持たずに服用し続けるのではなくて、あなた自身の具体的な生活状況に合わせて、「自分の意思で」薬剤の調整の相談をしていくということが社会復帰に向けては大事だと考えます。

安定剤を例に書きましたが、抗うつ剤や他の薬剤でも同様です。次回の診察までの間に家族行事の集まりに出なければならない、事前に長時間移動しなければならないなどの予定があるような場合と、近所のコンビニに行くことを目標としている場合では当然目的が違うわけです。事前に具体的な状況がわかっていて医師に伝えれば、合わせた処方をしてくれるはずです。

もちろん薬についての素人判断は大変危険なので、必ず医師に相談して決めましょう。自己判断での断薬・減薬は論外です。ダイエットやサプリメントとは次元が違う話なのです。

医師は薬効の違いなどを熟知し、お薬の生きる辞典のような存在です。主体的な治療とは、お薬の知識の宝庫である医師の知見をいかに引き出すかとも言えます。医師の知識を最大限活用するためには、まずあなた自身、そしてご家族が薬効の勉強をある程度し、知識を持った上で自分なりの仮説を立て、医師に診察時に相談して検証してみるということが必要です。

そのためには日頃から医師とのコミュニケーションを積み重ねるということが非常に大事になってきます。障害年金の診断書を過不足なく作成いただくためにもとても大切です。この過程そのものが主体的な治療と言えるのではないでしょうか。私のお客様にも主体的な治療に切り替えて社会復帰の足掛かりを掴んでいった方が何人もいます。

しかし、あなたが主体的に医師とコミュニケーションを取ろうとしても、医師が顔も見ずパソコンを見ながら聞く耳も持たないというケースも残念ながら一定数あります。このような場合は治療でのコミュニケーションが成立していないので、別の医師を探してみるのも選択肢となるでしょう。

転院に際して、医師に遠慮してなかなか行動できないという方が多いようです。患者の転院は精神科・心療内科では日常茶飯事なことなので、医師は気にしていません。

また、病気を治したいあなたに治療環境や医師を選ぶ権利があります。医師はあなたの病気を治してくれようとする大切な存在ではありますが、人間なので相性があります。今の医師が精神科医のすべてではありません、あなたに合う医師は必ずいます。

3　一足飛びの社会復帰は危険大。段階的な社会復帰の方法

①「急」はダメ、小さな「できた」を積み重ねる

障害年金の申請をするレベルの症状の方の多くは、思うように身体が動かず働きたくても働けない現状に焦っている方が多いです。私のクライアントの中でも働かなければやっていけず、無理な社会復帰を繰り返される方が多くいます。

病状が十分に回復していない状況で無理に職場復帰や転職をしても、なかなか安定就労につながらず、再度休職や退職となってしまう傾向があります。

このような場合には、医師は「無理に動こうとしないで、ゆっくり休みましょう」、と言うでしょう。「休みたいけど、生活があるし…」、このような状況の方のために障害年金は存在します。

また、医師の指示として近所の散歩から始めましょうとか、朝日に当たりましょうとか言われると思います。これは、急激に状況や環境を変えるのではなくて、徐々に階段を上がるように一歩ずつ進んで行きましょうということです。

会社へ通勤することができないとしたら、まずは最寄り駅まで行くことを目標としてみる。それ

も難しければ、近所の散歩を目標としてみるなどより簡単にしていくのです。私は「家のスリッパを揃えることから始めてみましょう」とアドバイスしたこともあります。散歩することに自信がない段階であれば、もっと行動を分割して「必ずできること」まで小さくしていきます。

今日は近所の散歩が「できた」。このような小さな成功の積み重ねが自信となり、次のステップにつながっていくのです。お仕事の場合でも、病気のことを伏せて就活してもなかなか安定就労につながりません。それよりも1日や2日程度の短期のアルバイトから始めて、自分が「できた」ことを確認して、1ヶ月、3ヶ月と徐々に伸ばしていき、障害者枠などである程度軽減や配慮された職場復帰を達成してから、一般枠への挑戦のほうが近道だと思います。

その日限りの登録制のお仕事など自分の体調と相談しながら、「行ける日」だけ働くというスタイルがこれから復職の第一歩という段階の方においてはうまく行っているようです。日当で現金を持って帰れるとさらにモチベーションが上がる効果もあるようです。

短時間のアルバイト（例えばコンビニエンスストアの店員など）などでも決まったシフトで勤務しなければならないので、例え週3日程度でも欠勤がちになって辞めてしまう事例が多く見られました。

就業するためには「スキル」と「勤怠」の2つの要素が必要と言われておりますが、この事例は「勤怠」についてです。次節で私のクライアントIさんが詳しく社会復帰の体験談の中で説明しているのでご一読ください。

② 長い目で見たら、「オープン」のほうがいい

仮に病状を伏せて一般就労で採用されたとしても、しばらく働くと、うつ病の方は抑制の症状で集中力が欠けてきたり、疲労が蓄積したりして仕事能率が下がってきます。職場の方にその時点で気づかれることもありますし、自身が限界に達することもあると思います。

私のクライアントでも転退職を繰り返される方が多くいますが、皆さん障害を隠しておくのは苦行だと言います。だからこそ、障害のことをオープンにして応募ができる障害者枠は有効だと思います。病状のことを職場でオープンにできることはとても気が楽なことです。

また、会社もあなたの特性を理解したうえで採用しますので、労使のミスマッチが減る可能性が高いです。

ただ、障害者雇用だと一般枠よりもお給料が安く設定されることが多いです。このような場合にこそ、障害年金を活用して不足分を補って欲しいのです。

もちろん、職場復帰できる状態でない方は障害年金を受給しながらゆっくりと静養できます。ある程度段階を経て社会復帰をしている方も、職場で配慮されている事情をしっかりと診断書で表現してもらえれば、働きながら障害年金の受給が継続できる可能性が高まるでしょう。

就労したら障害年金が止まってしまうから「働かない」という方がいますが、社会との接点を持つことは非常に大事なので、医師の協力をもらいつつ、障害年金を段階的な社会復帰の足がかりとして使っていただきたいです。

③ 発達障害の方は自分の「トリセツ」をつくってみる

発達障害の方は知的水準が高い方も多く、見た目で一般の方と見分けがつきづらいので、誤解されがちです。例えば自閉症スペクトラム障害(ASD)の方は、他人と視線を合わせられなかったり、相手や状況に合わせて行動をすることが苦手、という特性があります。また、決まったルーティーンの厳守といったこだわりが強い方が多いのも特徴です。

ADHDの症状が強い方は、ケアレスミスが多かったり、整理整頓が苦手、物事の優先順位がつけられないなどの症状が特徴です。ASD・ADHDに共通していることは、自分がミスしたり物事が思いどおりにならなかったときに落ち込んだり自分を責めてしまうという特徴があります。これは二次的にうつ病を発症している方の特徴です。

自分の特性をメモ書きにして職場の方に渡してコミュニケーションを取っていたクライアントがいました。私はこれを「自分のトリセツ」と名付け、同じ症状で悩む方にお話して活用していただいています。人間関係、コミュニケーションは「言わなければ相手に伝わらない」ことがほとんどで、伝えない限り相手には誤解されたまま認識されてしまいます。

目を合わせられない人に対しては「目も見て話せないのか」とか「私のことを嫌いなのか」などという誤解を与えてしまっているのです。

そこで「自分にはこういう特性があり、このように扱っていただければ、対応できます」などと職場の方や相手方に伝えることで誤解は減り、円滑なコミュニケーションにつながることが期待できます。円滑なコミュニケーションは安定就労への橋渡しとなってくれるでしょう。

年金受給事例⑤
神奈川県在住Ｉさん（30代男性）
うつ病で障害年金受給後、順調に障害者枠で社会復帰

障害年金を知り相談

Ｉさんが私の事務所に相談に来られたのは7年前の平成24年12月11日のことであった。新卒で入った会社で、過重業務やパワハラ、人格否定までされてしまい、わずか1ヶ月ほどで不眠や動悸、抑うつ気分を自覚。平成18年専門医を受診した。休職をして療養をすると気分が落ち着くことから当初は適応障害の診断であった。

しかし、復職すると再発し、休職を繰り返したことから退職に至った。その後の再就職で県外勤務になったとき、当初の職場で人前で罵倒されたことがフラッシュバックし、後の仕事でも力を発揮できなかった。転職後の会社でも情緒不安定で勤怠が不安定となり、休職を繰り返し退職となってしまった。

同じことの繰り返しはよくないと考え、一旦療養して立て直そうと考えていた。この時点で3箇所の医療機関でうつ病の診断もついていた。そして障害年金の制度を知り、医師に相談したところ、

なんと「あなたは、対象外。やりたいなら他でやってくれ」と断られたという。そしてネット検索をしているうちに私への相談となった。

お話を聞くと、Iさんの生活状況や就労状況では障害年金の対象になってもよさそうな病状であった。このクリニックは他の相談者の話を総合しても、やはり病院として、障害年金の診断書を書かない方針であることがわかっていた。医師との疎通もよくなかったので、私は治療面でとても定評があるクリニックの先生をご紹介した。そこで治療面での不安を取り除き、その医師の判断で障害年金の診断書の作成も得られればなお、Iさんのためにもなる。

転院してしばらく通院の後、無事に診断書の作成もいただけ、申請も無事に2級となったのは平成25年に入ってからだった。そのIさんが受給してから7年になるが、その後段階的に社会復帰をされ、障害者枠で約4年以上の勤務を積み上げているのでお話を伺うこととした。

年金受給から社会復帰までの経緯

土橋　：当初の医師が、診断書が欲しいなら他でやってくれ、と投げられたときはどんな気分でしたか？

Iさん：自暴自棄で、どうにでもなれという気分の中、ネットで情報を探しておりました。

土橋　：その当時、Iさんにとって障害年金はどんな存在だったのですか？

Iさん：難しいというお話は聞いていましたし、雲の上の存在という感じでした。

土橋　：おすすめした病院に転院して無事２級を獲得しました。心境はいかがでしたか？

Ｉさん：とてもいい先生を紹介していただいたので、治療環境もよくなり、経済的な不安も軽減できたので、次は社会復帰を目指せると思いました。

土橋　：その後、年金受給をしながら、いくつか障害者枠での就労を積み重ねてきましたが、現在まで通算４年以上就労が続いているということで、何に注意して社会復帰をされましたか？

Ｉさん：社会復帰のコツは「自己理解」に尽きると思います。自己理解とは、例えば就労を目指す段階の人でいえば、自分は今どの段階にいるのか、ということを正確に把握することです。段階とは、デイケア、就労移行支援、Ｂ型、Ａ型、一般就労のことです。自分が就労移行支援の段階なのに、いきなり一般枠を目指そうとするとほぼ挫折します。私も段階を見誤って挫折したことがあります。自分の段階を正確に見極めて受け入れることが第一段階になります。

土橋　：自己理解をして段階を認識し、次はどのようなステップで社会復帰を組み立てればよろしいですか？

Ｉさん：就労に従事するには、大きく分けてその人の「能力・スキル」という面と「勤怠」という２つの要素があります。重要なのは圧倒的に「勤怠」の方です。いくら、英語がペラペラであったり、ＰＣスキルが有能であったとしても欠勤ばかりですと、企業にとって使いものにはならないからです。ですので、デイケアや就労移行支援などでコンスタントな出席ができるように基礎をつくっていく必要があると思います。
土橋：それでは勤怠を安定させるために、どのような取り組みをされてきましたか？
Iさん：欠勤をしてしまう理由を書き出すことです。夜寝るのが遅くなってしまって朝起きれないとかその日の出来事を1つずつノートとかに書いて客観的に見ていくといいですね。夜が遅いのであればその原因も突き止めます。スマホゲームをしているとか人によって色々あると思います。「何となく」1日を過ごすのではなく、安定した勤怠への妨げになっていることを見つけ出して、そこを改めていくということが必要です。
土橋：資格やテスト勉強などで、間違えをしたときに、間違えた問題を放置していたらまた同じ間違えをしてしまいますよね。同じ間違えを繰り返さないために自己分析なり行動を客観的にみるという作業が必要なわけですね。
Iさん：そうです。治療の問題なのか、生活習慣の問題なのかの場合分けが必要です。生活習慣の問題は治療では治せないので自分で問題を明らかにしてクリアーしていく必要があります。
土橋：幸い、現状とても理解のある会社に入られたということですが、会社選びでアドバイスはありますか？
Iさん：企業理念ですね、それと面接時の対応をきちんと見ることです。配慮をしてくださりそうな会社かは面接での対応にも出ると思います。あとは直感ですね。今の会社は「症状を改善するのも仕事です」と向き合ってくれるところがありがたい存在です。

土橋　：会社からどのような配慮をしてもらっていますか？　またどのような試行錯誤をされていますか？

Ｉさん：週1回の面談で就労上の悩みを聞いてもらう機会があります。また、疲れたらベッドで休憩を取っていいことにもなってます。自分で気を付けていることはハイにならないようです。仕事のペースが速くなるときがあり、意識的に休憩を取るようにしています。診断名も申請時のうつ病から双極性障害Ⅱ型に変わって躁転への防止を意識しています。ハイになるとオーバーペースでやりがちですが、その後に来るのは、うつです。自覚したらセーブ。これが私のポイントです。

土橋　：試行錯誤を繰り返して、今の状況を獲得したことと思いますが、具体的に実践したことがありましたら、教えていただけますか？

Ｉさん：まずは、先ほど申し上げた自己分析ノートを書いて客観視することです。それとオススメなのは「スリーグッドシングス」と言って、その日「できた」ことを３つでいいのでノートに書いていくことです。５個や10個だと多すぎて続かないので３個で十分です。例えば、就労よりも前段階で家から出れない状況の方であれば、「洗顔ができた」とか「コンビニに行けた」、「散歩へ行けた」とかそんなレベルでもいいのです。大事なのは自己肯定感。小さなできたことを積み重ねて少しずつハードルを上げることです。
他にはマインドフルネス瞑想というのをたまにお寺に行って実践しています。瞑想法の１

つではありますが、精神性や宗教色を取り除いたもので誰でも実践ができます。善悪や価値判断をせず、専ら今この瞬間に意識を向ける訓練です。呼吸法も取り入れます。これにより過去や将来への不安感や怒りなどのネガティブな感情へのコントロールができるようになります。

土橋：色々実践されていて素晴らしいです。現状は自分の感情や病状をコントロールできている状況ですか？

Ｉさん：完璧ではないですが、できつつあります。お薬も大幅に減りました。何より、自己分析ノートに自分の弱点が書いてありますので、読み返せばその時の対処法を思い出すことができるので傷口は浅くて済むと考えています。

先ほど申し上げましたとおり、再就職において、勤怠が90％でスキルは10％くらいの比重です。まずは遅刻欠勤のない状態にすることが大事だと考えているので、自己管理を怠らず見直しています。私もまだ年間を通すと有給の範囲内でお休みをいただくことがあるのがここが次の一般就労への課題となっております。人間なので波はあって落ち込むことがあるので、少しずつ課題に取り組んでいきたいです。

土橋：障害者枠で試行錯誤されながら障害年金を継続で受給されているわけですが、障害年金はどのような作用がありますか？

Ｉさん：心の支えですね、神様の贈り物だと思っております。ただ、現状就労しながらでも受給できておりますが、仮に打ち切られたとしても、年金に依存しない生活ができるように将来設計をしています。一般就労に戻りたい気持ちが強いです。

土橋　：Iさんの取組みは読者に希望を与えるものだと思います。ありがとうございました。

このようにIさんは何度も休職・復職を繰り返しながら、段階的な社会復帰を勝ち取って5年近くになった。就労においては何よりも勤怠の安定を図ることが第一でそのできない原因を客観的に見つけ出し、改めていくという繰り返しということである。また、小さな「できた」を積み重ねることが大事で、スリーグッドシングスという方法もご紹介いただいた。

このようなチャレンジをできるのも、障害年金という下支えがあるからである。Iさんのような方が1人でも増えてくれればと私は願う。

年金受給事例⑥　大阪府在住Mさん（26歳女性）うつ病が治った事例

障害年金の受給

Mさんから相談の電話があったのは平成31年3月28日のことであった。うつ病の症状がひどく医師に障害年金の取得をすすめられたという。お話を聞いてみると母子家庭で、親の理解も得られず、家事も育児も仕事もすべて自分でやらなければならない状況に限界が来たという。元々母の顔色を見ながら育ち家でも居場所がなかったという。18歳から介護士としての仕事に従事してから交替勤務で不規則となり遅刻がちに。家でも休まらず上司に相談して専門医にかかることとなったのが契機であった。

当初は実家暮らしであったが、金銭面や育児などのサポートも得られず、働いても働いても毎月の支払いに追われる日々で、次第に不眠や意欲低下が顕著になっていった。服薬も医師の指示通りに行わなかったので、病状も悪化して退職する。

そこで病状と向き合って治療も指示通り行い、また親と距離を置くべく実家からも出た。協力者がいなかったので、精神的・経済的にも行き詰まり障害年金の申請に踏み切ったという。

申請手続は転院もなく、医師の協力も得られたため、無事に障害厚生年金の2級が2年ほど遡及し200万円を超える受給額となった。

無事に経済的な苦境から立て直らせたMさんにその後の状況を聞いてみると、何と現在病気が治って通院も全くしていないのだという。そんなMさんに渦中の頃とうつ病を乗り越えるきっかけや秘訣みたいなものがあればと思い、聞いてみることにした。

障害年金の利用までの経緯

土橋　：うつになった直接の原因は何だと思いますか?

Mさん：金銭面だと思います。私は未婚の母で2歳になる娘がいます。娘の父や実家の母からの援助がないため、介護士の仕事に従事していましたが、働いても働いても支払いに追いつかず段々追い込まれた感があります。

土橋　：ご両親や娘さんのお父様からの援助は得られなかったのですか？

Mさん：うちも母子家庭で母から「高校卒業してからは自分で生活するんやで」という教育を受けてきたので頼るという感覚がありませんでした。娘に関しても1人で育てると決めていたので父親から養育費をもらうという選択肢は最初からありませんでした。成人するまで「その感情」と連れ添うのは嫌じゃないですか…笑　人を恨んで生きるのはもったいないと思っていました。

土橋　：育った環境は性格形成に大きな影響を与えますね、他に思い当たることはありますか？

Mさん：思い出すと小さい頃から気を遣ってきたので、先回りして悪いほうへ考える癖がありました。「相手に迷惑かけてるかな」とか「こう思われてるかな？」とかです。そして自分を追い詰めていってしまうんです。ただの妄想だとわかってはいるんですけどね… そしてあるとき急に涙が止まらない、仕事ができないという状況になりました。今思い返すと、感情を抑えて生きてきたのかもしれませんが、当時はそれが当たり前だと考えていました。娘が熱出すと仕事を休まな… 給料減る、ミルク代足りない…という世界です。

土橋　：そんな渦中のMさんにとって医師からすすめられた障害年金ってどんな存在でしたか？

Mさん：「そんなんあるん？」受給できれば経済問題解決するので嬉しいけど、元々期待して取れなかったら落胆するので、半信半疑のような感じで期待もせず土橋さんにすべてお任せした感じです。

土橋：結果2級の厚生年金で月10万ほど、遡求も200万円くらいの受給になりましたが、その後の心境の変化はいかがでしたか？

Mさん：娘にミルク買ってあげられる～、そのレベルの喜びですよ。明日の生活が見えなかった私たちには安心という以外何ものでもないです。

土橋：そしてその後うつも治って、現在通院もされていないということですが…

Mさん：根っこにあった経済問題が解決したのが大きいです。また受給決定と同じ頃私の再婚も決まって、夫の実家で暮らすことになり、家事の分担や経済的な負担がほぼなくなってしまったのが非常に大きいです。夫も夫の母も、家事育児を非常にサポートしてくれるので本当感謝です。

土橋：現在、服薬もしていないということですが、いきなり断薬されたのですか??

Mさん：新しい子を授かっていたので医師の指導のもと断薬をしました。

土橋：ダイエットと違って断薬は離脱症状とか凄まじかったものかと想像できますが…

Mさん：はい（笑）、冷や汗や吐き気、めまいなどが凄かったです。ただ、つわりの時期と重なっていたので、つわりの延長戦だと考えてみることにしました。なので線引きが難しい感じです。それでも2～3週間は続いたと思います。

不眠への不安はありましたが、仕事をして追い込まなくていい環境になったので安心感で乗り越えられたと思います。ただ自己判断の断薬はＮＧです。

土橋：経済的な安定も得られ、断薬もうまく行ったＭさんにとってうつ脱の秘訣みたいなものがあったら教えていただきたいです。

Ｍさん：必ず原因があるので自分と向き合って自分と相談することです。自分の考えの癖を知って対処するといいますか…私の場合は先回りしてネガティブになる傾向があったのでまずはそれを認識する。そして不安や心配事のほとんどが実際に起こっていないことを認識して修正する。みなさん原因は違うと思いますが、自分を客観的に見つめてみるのが第一歩のような気がします。

完全に落ちてるときは何も考えられないので、そのまま上がってくるまで身を委ねるのがいいと思います。休養するには頭を空っぽにすることが必要なので、経済的な不安がある方は休まらないと思います。

こんなときに障害年金を利用されたら、本当に心から休めると思います。

土橋：休む状況にある方は、しっかりと休むことが重要なのですね。障害年金のことを考えることや社会復帰するにも段階があることがお話を聞いてわかりました。今回は貴重なお話をいただきまして、ありがとうございました。

自分の原因と向き合っている

Mさんは病気の渦中にいるときも周囲への気遣いをする方で、当初から物事に執着されないタイプと私も感じていた。

受給した方でも、多くの方は決定が出た瞬間に次の更新のことを考えてしまい、「仕事をしてしまっていいですか？」等と質問される方が多い。経済的に苦しいけど、サポートは欲しけど執着しないMさんは職場でも周囲の人に恵まれたと言う。周りから助けられるタイプの方に共通しているのは物や人に執着していない方である。感情的にも執着していないので人を恨むこともない。結果的に周囲から好感を持たれて自然と助けられるという循環の方が多いように思う。

今回社会復帰をしている方に共通することは、自分の原因と向き合っていることである。自分の本心と向き合うことって本当に苦痛を伴うことが多い。なぜなら普段「ふたをしている感情」と対面することになるからである。

潜在意識には現状をよくも悪くも維持しようとする働きがある。安心のためである。もしかしたら病気が治ってしまったら、働かなくていい理由がなくなってしまう…などという自分と対面してしまうかもしれない。

それでも病気を治して社会復帰をしようとする方は、自分と対話をしてケリをつけようとしている方ばかりである。生育環境や社会的環境を過去にさかのぼって原因を辿る「自分探しの旅」に出ることになる。

私も多くの方をカウンセリングしてみて感じたことは、ほとんどの方は幼少期の親子関係に行き着く。

その中でも特に母子関係。生まれてから多くの時間を過ごすのは母親である。

母親の価値観を受け継ぐか反発するなどして自分の価値観を少しずつ形成して、学校生活や社会生活を経て今の自分になっている。ここまで遡ってみると、あなたのうつやその他悩み事の原因に巡りあえるかもしれない。

第５章　まとめ

◆社会復帰するための価値的な障害年金の使い方を考える。
◆日常生活で手が回らないことを家事代行などお金で解決することも一案。
◆自分の健康やスキルアップへの投資もしたほうがいい。
◆お薬の知識を学んで主体的な治療を受ける。
◆段階的な社会復帰を試みる。

コラム⑥　私のリンパ療法師としての活動

私の肩書きとして、社会保険労務士・リンパ療法師と書きました。私は障害年金の実務活動の他、リンパ療法師としても活動をしています。

私は「健康の獲得」をコンセプトに活動しており、障害年金の実務家としては、クライアントに「経済的な健康」をもたらすことが目的です。経済的な健康以外にも、心身的な健康の獲得も当然必要です。医者ではない私がクライアントに心身面での健康の獲得に寄与できることはないかと考えたところ、リンパ療法師というものに出会いました。

元々は私自身が若い頃から肩こりや腰痛、常に怠いなどといった症状に悩まされており色々な健康法や治療法を試行錯誤してリンパ療法に出会ったのです。

特に不安症状が強い方は、常に体に力が入っていて緊張している方が多いのです。肩こりや腰痛をはじめとした多彩な身体症状を伴っている方が多くみられます。また、うつ病の方の多くは不眠症状を伴っているのが特徴です。このような症状を自覚している方は疑いもなく、症状を抑えるための薬を服用して症状を抑えていきます。うつ病の方は今、自覚しているすべての症状に対して服薬治療で対処するしか方法はないのだろうか？　と疑問を抱いています。

前節コラムで「治療の問題なのか生活習慣の問題なのかを場合分けする必要がある」とIさんは言いました。治療の問題であれば、薬効を勉強して主体的に医師のアドバイスを得て治療していけば、服薬上のミスマッチは減るはずです。それ以外は生活習慣の問題として服薬治療とは別の取り組みが必要となります。

過緊張の方の身体全体を見ていくと、根本的には骨盤の歪みがあって背骨が歪み、それによって神経が圧迫されて痺れや痛みが生じているパターンが2～3割はありました。また不眠も冷えが原因で生じているタイプと気持ちの高ぶり等が原因の2タイプがありました。共通して滞っているリンパを流す治療を行うことで詰まりが取れ、今ある自覚症状を改善することが期待でき、また骨盤矯正などの治療を継続的に行うことで骨格の改善を促せます。身体が整ってくると動けるようになり、気分のベースも上がってくるという好循環をもたらすことができます。

この取り組みはクライアント全員に実施することは難しいので、得られた知見をお話して服薬治療の問題なのか生活習慣の改善の問題なのかについてアドバイスをして、今後の生活を考えるヒントにしてもらえれば、という位置づけにしています。

動けるようになってくるともっと動けるようになりたいと思うものです。私の場合は神経圧迫が原因によるものだったのでこの方法で改善しましたが、他の原因も色々あります。リンパ療法以外にも色々な代替療法や民間療法が存在します。あなたの症状と相性がヒットするまで、諦めないで色々と試してみると先が拓けてくると思います。障害年金を生涯年金にしないための取り組みとして私もできる限りの活動をしていきたいと考えています。

〔図表43　私のリンパ療法の治療風景〕

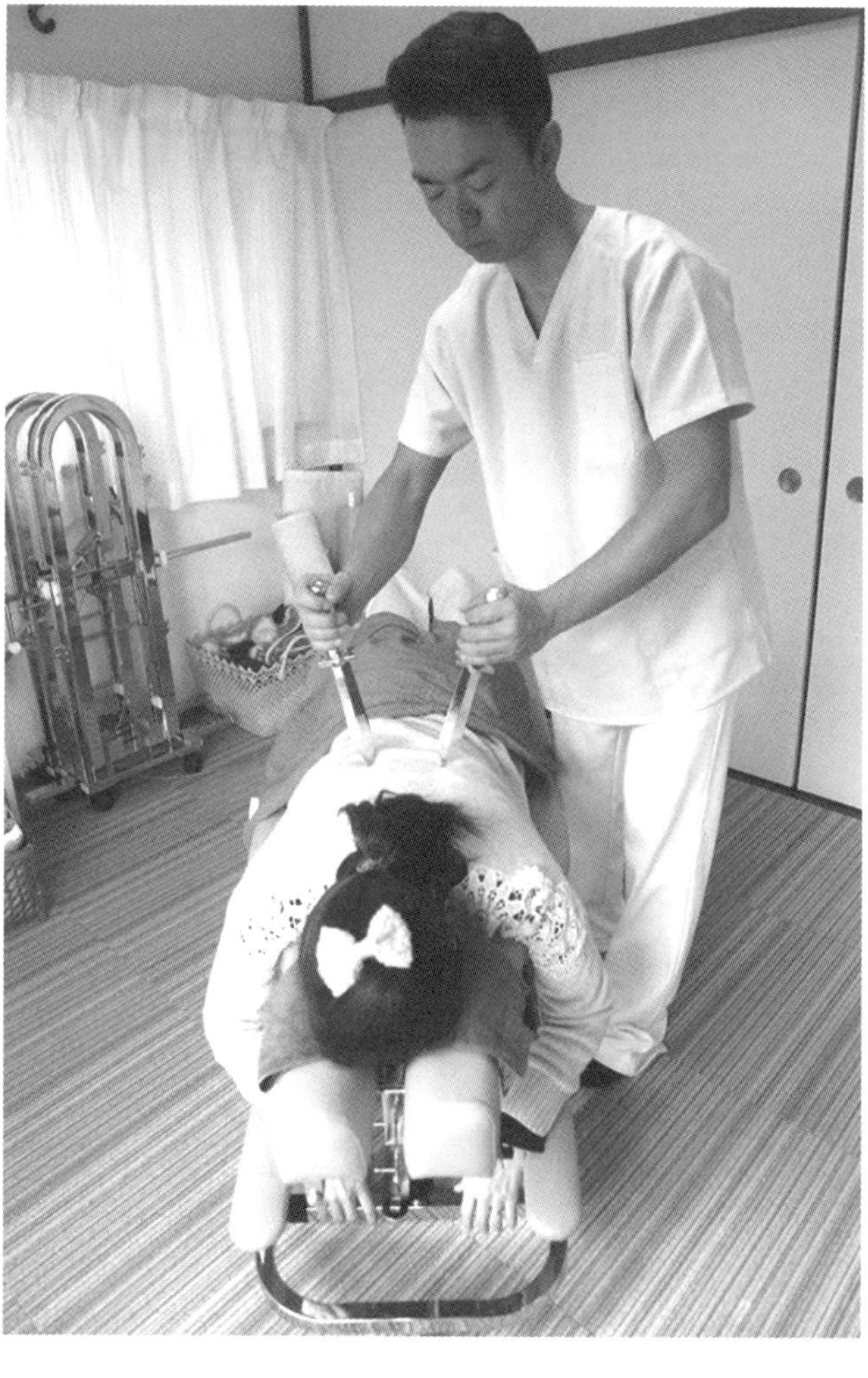

第6章

社会保険労務士との関わり方

1　障害年金の代理申請とは

社労士の役割

本書はあなたやあなたのご家族が手続を行う前提で書いており、社会保険労務士（社労士と略称）のことは一切触れてきませんでした。しかし、ご自分で申請準備をしていると社労士が執筆した本やインターネットで、多数の社労士に触れていることと思います。

実は、初診日が特定できない場合や不服申立てなど、社労士に相談したほうがより早く、いい結果になると思われる手続が多数あります。

障害年金の申請代行サービスも現在では多数の社労士が行なっていますが、これは世の中にあるあらゆる代行サービスの1つです。煩雑な手続や難しい手続、専門的な相談をしたい方は活用してみるといいでしょう。

そこで、社労士とはどのような資格者か、障害年金の申請を行っている社労士の分類やタイプ別など、社労士を探す際の着目点をまとめてみました。また、障害年金代理業務で活躍する2名の社労士に登場いただき、業務への姿勢や取り組み方などについて私がインタビューしてみました。

「頼む人によって結果が変わる」とまで言われている障害年金の代理申請、こちらを一読すれば社労士への依頼を検討しているあなたにとってよい判断材料になるでしょう。

2　社労士は何をする人か

申請代行・代理をする国家資格者

社労士は労働・社会保険問題の専門家として諸法令に基づいて行政機関に申請する書類を作成したり、申請代行・代理をする国家資格者です。

その多く（90％以上）は中小企業などと顧問契約を結び、従業員の入社・退社などに関わる社会保険の手続や給与計算、難化・多様化する労働問題のアドバイスなどを行います。ですので、企業の経営者や人事担当者以外の方は日常あまりお目にかかることは少ないかもしれません。

3　障害年金と社労士

年金の請求代行・代理

まだ数は少ない方ですが、個人の方を対象に障害年金の申請代理を行う社労士も年々増えてきました。社労士は年金の請求代行・代理をできる唯一の国家資格者です。

障害年金を扱う社労士には、企業の顧問契約をメインとしつつ障害年金も一部門として行っている事務所や、最近では企業との顧問契約を結ばずに、障害年金のみに取り組む事務所も増えてきました（私の事務所は障害年金専門です）。

4　どこでつまずくかを見極める

年金受給を依頼するか否かのポイント

まずは、あなたまたはあなたのご家族で本書の流れの通り障害年金の手続に取り組んでみましょう。すると次のどこかのポイントで止まってしまった方が多くいらっしゃると思います。どこでつまずいているのか確認しましょう。

①　そもそも年金保険料を払っていない。
②　そもそも初診日の病院を覚えていない、病院がない、カルテがない。
③　受診した病院や診療科が錯綜していてどこが初診日か判断できない。
④　申立書の作文が難しすぎて進まない、またはポイントがわからない。
⑤　医師への診断書の依頼の仕方がわからない、不安若しくは仕上り内容に不安。
⑥　過去の遡及申請ができるのかわからない、通るのか不安。

これらに該当することなく、あなたまたはご家族で進められるようであれば、特に社労士に依頼する必要はないでしょう。

年金保険料の未払い以外は、今後の進め方次第で受給に結びつけることができる内容です。

5　社労士の位置づけ

障害年金の申請は十人十色で、誰一人全く同じケースにはなりません。病歴の推移がほぼ同じでも、カルテの保存期間の関係で初診日の書類があったりなかったり、結論が分かれてしまうこともあります。これまで医師とうまく関係を構築してこなかったことが原因で医師が診断書自体を書いてくれなかったり、的確な内容を書いてもらえないこともあるでしょう。

特に、遡及申請の診断書では、過去のカルテがなくて書けない、カルテはあるが当時の医師がいないから書けない、当時のカルテの情報が少なく書けない、ということもあります。

このような場合には無理に自分で申請するよりも、社労士に相談するのもよいでしょう。障害年金に精通した社労士はたくさんの事例に直面しており、的確な方針を打ち出してアドバイスをしてくれるはずです。

6　社労士に頼むメリットとデメリット

メリット

①　その社労士の実務経験からあなたの申請に合った的確なアドバイスを得ることができます。

② 用紙を年金事務所にもらいに行ったり申請に行くという手間や時間が省けます。年金事務所は混雑しているところが多く、長時間並ぶこと自体病気への負担になります。また、役所の職員とやり取りするというストレスからも解放されます。

③ あなたの病状にあった申立書を作成したり的確な診断書の入手に注力してくれるので、受給できる確率が高まります。

デメリット

報酬の支払いが発生します。多くの社労士の場合、着手金と成功報酬で行っていることが多いので内容と報酬を必ず事前に確認しましょう。

7 どのような社労士を選ぶべきか

社労士選びの視点

私が障害年金業務を始めた2012年頃は数えるくらいしかHPはなく、一部の社労士がやっているという状況でした。この5年くらいで急速に障害年金を扱う、または専門にする社労士が増えてきました。私はこの傾向はいいことだと思います。なぜなら、相談者さんにとっては選択の幅が増えるからです。では、どのような視点で社労士を選ぶべきなのでしょうか。

①　相性で決める

障害年金の業務はスタートしてから申請、入金されるまで半年以上、不服申立てまで進むと1年以上の付き合いとなります。したがって、まずは電話や面談で相談をしてみて、あなたの問題解決をしてくれそうな方かという観点で判断しましょう。相性は一番大事な要素だと私は考えます。

②　実績を重視する

障害年金の申請は「一発勝負」的な色合いが非常に強く、頼む専門家によって方針が異なり、結果が違ってくる場合もあります。様々な申請経験がないとクライアントに最良の結果をお届けすることができません。目安として「精神疾患の新規申請で１００件以上」がラインだと考えます。私も１００件程度から、特殊な申請や不服申立てを見越した新規申請など、様々な対応ができるようになりました。また、年金実務だけでなく精神科医療についてや病気の種類、薬剤の知識のことまで、ついていけるようになりました。したがって実績を重要視する場合は、「経験は何件ぐらいですか？」と確認しましょう。

③　近い人を重視する

今や全国に社労士はいますので、近場で何度も気軽に相談をできる方がいいという方は、地域密着型の社労士がよいと思います。出張面談に対応している社労士もいます。

④　料金で決める

現在、料金（社労士報酬）は自由化されているため、事務所によってまちまちです。着手金と成功報酬の形態が多いですが、中には着手金無料のところや完全成功報酬制と掲げているところもあります。着手金無料を掲げているところで注意なのは、他に事務手数料が発生していないかです。中には着手金無料としつつ、事務手数料の名目で1～2万円程度請求しているところもあります。なので、特に無料の専門家を利用される場合は必ず料金とサービス内容の確認をしましょう。契約書を交わして受け取るのは必須です。

⑤　不服申立てに対応しているか

障害者年金の申請はプロの社労士が行っても一定数不本意な決定が出ることが避けられません（2級想定が3級に、遡及請求が不支給など）。不本意な決定の場合に不服申立ての対応をしていない社労士だと、あなたは路頭に迷うことになります。したがって、途中で投げ出さず不服申立てまで対応してくれる社労士という観点も大切です。

⑥　障害年金を専門に行っている

社労士の9割以上は中小企業との顧問契約をして、労務問題に取り組んでいます。労務問題を扱っている社労士事務所が障害年金を扱う場合、片手間で行っているか、または担当スタッフに任せているケースが多いようです。私も2015年までは労務顧問業も並行してましたが当時から年間100件以上の申請を扱っていたため、労務問題への人的・時間的配分が難しくなり、現在では障害年金専門として活動しています。また、社労士ではないスタッフが対応する場合はやはり経験値に限りがある場合があるので、誰が対応してくれるのか確認しましょう。

⑦　精神疾患の専門である

障害年金を専門に扱っている社労士事務所でも、多岐の病気を扱っている所が99%です。多くの病気を扱うと、精通すべき守備範囲が膨大に広がってしまうので、精神疾患の細かい話までついていけない可能性があります。したがって、精神疾患専門という観点で探してみるのも1つでしょう。

相性だけは重視したほうがいい

①～⑦まで着目点あげましたが、すべてを満たす社労士は私を含めて1人もいません。だからこそ何を重視するかということが重要です。あなたまたはご家族における判断となりますが、障害年金は長期のお付き合いになるので、相性だけは重視したほうがいいでしょう。

コミュニケーションが十分にできないことはストレスになるのでお互いのためにもなりません。これは社労士選びだけではなくて、医師選びにも同じことが言えます。

※面談についての注意点

初回面談やそれ以降の打ち合わせで社労士と面会する機会はそれなりの頻度で発生すると思います。この場合は次のポイントを注意しましょう。

①　料金

初回面談、またはそれ以降の面談について料金が発生するのか。

② 場所

私は事務所面談のみですが、出張面談の際にはファミレスやカフェなどを利用する場合もあります。デリケートな会話内容になるので周囲との距離の配慮が必須です。また自宅に呼ぶ場合は密室の環境にはせず必ず同席者がいる状態にしましょう。

以上は私の個人的な考え方です。社労士によって思いや考えは本当に千差万別です。次に、障害年金を扱う2名の社労士に登場いただき、どのような想いで業務に取り組んでいるのかインタビューをしてみました。それぞれの思いや考え方の違いがわかると思います。

社会保険労務士インタビュー①

小矢田　由希 氏

ラクシュミー社会保険労務士事務所所長

石川県金沢市額谷3-81-2　メイディアス1F

TEL：076-256-3251

治療と仕事の両立支援がコンンセプト

小矢田先生は石川県金沢市で開業し、企業の労務顧問と障害年金の両方に取り組んでいます。労務と障害年金両方に取り組む理由が、「治療と仕事の両立支援」がコンセプトだといいます。

主にがん患者さんの治療と仕事の両立の取り組みの中、がん拠点病院の相談員、石川産業保健総合支援センターの両立支援促進員、石川県地域両立支援推進チームのメンバーとして活動。がんに罹患して治療と仕事の両立をできると考える方が約3割程度で多くは職場への迷惑を考えて両立の実現が難しいのだという。一方事業主も人手不足の中キャリアやスキルのある人材を失うことは痛手で、双方の調和を目指して事業主、個人双方のサポートをしています。

小矢田先生の特筆すべき点は、彼女自身が適応障害の経験者であることです。前職の生命保険外交員時代に対人恐怖や抑うつ症状、パニック発作などで突然働けなくなりドクターストップで退職になった経験をお持ちです。

縁故のすすめで社労士を目指し合格したこともすごいことですが、精神疾患の過去をカミングアウトして業務に取り組む方は貴重で、読者のあなたの希望になるのではないでしょうか。障害年金の実務は街角年金相談センターでの勤務の経験もあり、審査の立場から申請の急所を押えた実務をしています。非常に人望があり、役所や病院との連携やコミュニケーション能力も非常に高い印象です。そんな小矢田先生に障害年金への想いを聞いてみました。

依頼者に寄り添って障害年金に取り組む

土橋　：社労士を開業して障害年金に取り組むきっかけはどのようなことだったのでしょうか？

小矢田：街角年金相談センターに２０１２年10月から勤務していて、生命保険業時代の知り合いが末期がんの患者様を紹介いただいたのが始まりでした。余命3ヶ月のお客様に「新人なんだから、トライしてみな?」とすすめられて取り組んでみるもとても難しい案件でした。「お金ももちろん大切だよ、でもね僕は生き様を残したいんだよ」と言われたのが印象的でした。

受給決定後、間もなくしてそのお客様は亡くなられましたが、「社労士として、この分野でお役に立て」と言われた気がして…これが私との出会いでした。

土橋：これまで障害年金の経験として、がんの案件が多かったそうですが?

小矢田：石川県にあるがんの就労支援相談会の相談員として、2014年中頃から、また石川県立中央病院支援相談員として2015年4月から、それぞれ月数回ずつ担当するようになりました。ここは医療以外の社会保険やお金回りの相談を各専門家が受ける形式で、がんの案件の依頼が増えてきた流れです。

土橋：そんな小矢田先生にとって障害年金に取り組む醍醐味は何でしょうか?

小矢田：お客様が抱えている辛い思いを「言語化する」これに尽きます。病気を抱えている方達はご自身が抱えている辛い感情や不便さ、生き辛さを言葉にできないんです。

「どうせ、わかってもらえないんだ」というお気持ちなのが前提。なので、何がどう辛いのか伝わらない。例えば精神疾患の方が、「不安なんです」と言うが、どう不安なのか言語化できない。「眠れない」、「起きれない」の中には細かな感情の機微があるはずです。

それを言葉にできない。

それを伝える言葉を持っていないのか、または言葉を持ち過ぎているのかどちらかです。後者ですと時折ＳＦの世界のような言葉が飛んできます。それもまた私にとっては大きな気づきなので受け止めていきます。

障害年金の申請をする際には「病歴・就労状況等申立書」という本人の病気の歴史みたいなものを国に提出するために、面談してつくります。

このプロセスの中で私は先ほどの「言葉にできない」辛い病状に関する感情の機微を拾って言語化していくんです。もちろん書類としては認定する人がわかりやすいように変換して書いていきますが、素案の中には辛い思いをしている本人の感情の細かな動きがたくさん入っています。そこで言語化してあげると「わかってもらえたんですね」と言っていただけるのです。

これだけでも私の中の障害年金業務の半分は終了したようなものです。人は自分の気持ちをわかってもらえたときに安堵するというか、一つ気持ちとして昇華するのではないでしょうか。

土橋：ご自身が適応障害をカミングアウトされることについてメリット・デメリットがあると思いますが、どのような思いでオープンにされたのでしょうか？

小矢田：一見、マイナスのように思われるかもしれませんが、私にとってはプラスでした。まず、病状を隠してまでいい顔をしたくなかったのです。前の私は職場でも家庭でもいい顔して、よい人を演じようとして潰れてしまったので… 人が好きで生保の仕事をしていたのに、対人恐怖でできなくなった経験があるからです。公表してからは私のことを知った上でのお問い合わせが増えました。障害者関連施設からの労務顧問依頼や講演依頼などです。

土橋：小矢田先生は労務顧問と障害年金を両立しておられますが、どのような姿勢で取り組まれていますか？

小矢田：元々労務畑で開業したつもりのところ、縁があって障害年金と出会いました。私が活動しているのは「社労士」としてであって、そこに経営者も個人もないんです。元々対立構造はないのです。例えば先ほどの自分の悩みを言語化できないのは、精神疾患の方もがん患者さん、そのご家族、経営者も労働者も同じなんです。私は国の法制度の中で与えられた「社労士」として役割を全うしたい、その心は「両立」の支援です。がん患者さんの就労との両立支援もそうですが、労使でも今ある枠組みの中でお互いできることをやっていく。どうしたら問題は解決するのか、どこに問題はあるのか、それを一緒に探して言語化する。そして実践していく姿を見守る。それが私たちに与えられた役割なのだと思っています。

土橋：ご病気の経験者として役に立てている部分はありますか？

小矢田：例えば精神疾患で悩む方も、精神疾患で休職者を抱える企業からもどちらからの相談もありますが、私自身休職、復職を経験してみて、「復職」が何より難しいことを体験的に知っております。精神疾患になる方は真面目で努力家の方が多い。お休みを取ることによって、周りに迷惑をかけてしまっていると考えます。この方が復職をすると、「仕事についていかなければならない、周囲に心配かけないように笑顔でいなければならない」と考えて一生懸命頑張ってしまいます。職場の人もその姿を見て治ったと勘違いして、休職前のパフォーマンスを求めてもよいものだと思ってしまう。その結果本人は全力疾走して、ガス欠を起こして失速してしまう… そこを経験した者としての視点でもってアドバイスできることがお役に立てる部分かなと思います。

一時的な視点ではなく、冷静に長い目で見れるようなアドバイス、そのために「障害年金」という存在が重要であると私は思っています。

特に精神疾患の方は、「自分が役に立つ存在でなければ」と考える方が多いと感じます。でも長い人生、時には「寄りかかってもいいんだよ〜」ということを私はお伝えしています。本来の意味での「お互い様」の社会づくりに貢献したいです。人が人を裁き合う、そこに一体何があるのでしょうか？

土橋：小矢田先生は、障害年金において、基本姿勢としては「不服申立て」は行わない、もっというと訴訟までは望まない、というお考えですが、どのような方針なのでしょうか？　一般論、障害年金の社労士たるや、見捨てず最後まで戦いましょう、という風潮のほうが強いと思います。

小矢田：私は争わずに今ある枠組みの中で、お互い様の社会の実現に寄与するお手伝いをする活動をしております。なので、社労士という制度に不満がないですし、老齢・障害・遺族年金と本来の意味での制度にも不満はないのです。私は弁護士ではなく、社労士なので、制度をひっくり返すことは望まないのです。また、街角年金相談センター勤務時代に、審査する側の方々を間近に感じてきた影響も大きいかもしれません。「役所は冷たい」と言われることもありますが、認定するのも血の通った人間、何とかしてくれようとしてくれていることを私は知っています。不服申立てや訴訟をすると何年も依頼者さんをその辛い感情に縛り付けなければならないじゃないですか。出た結果を受け止めて、その先の案内をするのが私の役目。3級になってしまった、それならB型就労から始めてみましょうかなどと言えるじゃないですか。何より、私はがんの案件が多く、余命宣告されている方もいて、不服申立てしている場合じゃないことが多いのです。

「あなたがあなたとしていてくれる、ありがとう」これに尽きます。

土橋　：前を向いていこう、ということが企業顧問、障害年金業務共通のことなのですね？

小矢田：「あきらめる」は悪じゃない。転んでも立ち上がって前を向いてほしい。転んだ原因に「固執」して欲しくない。そこに石があった、誰が置いたんだ？　何で　こんなところに！　ってこだわっても仕方ないじゃないですか。

「諦める」ではなくて「明らめる」です。転んだこともその人にとっては必要だったかもしれない。
その原因に立ち止まるよりは、前を向いて、希望を持って生きてほしい。
それは、私自身がそうありたいからだと思います。

社会保険労務士インタビュー②

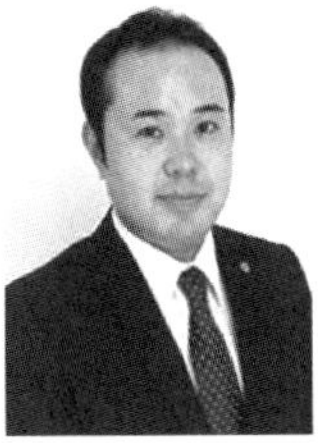

松川　裕馬氏

松川社会保険労務士事務所代表
千葉県市川市真間1－14－5－303
TEL：0474－374－3522

無料出張面談

松川裕馬先生は千葉県市川市で事務所を開設し、千葉県と隣接する茨城県を中心に活動。元々陸上やアイスホッケー、フットサルなどをやっていてフットワークが軽く、千葉県や茨城県内の相談者の元へ訪問して無料出張面談を行っているのが特徴です。

無料出張面談を行っている社労士はほとんどいません。また、私の印象では曲がったことが大嫌いな職人気質で、仕事においても一字一句のチェックをするのはもちろん全行程同氏が行っています。

病院同行なども対応し、医師からの案件紹介も多いなど病院からの信頼も厚いのが特徴的です。

また、社労士事務所によっては、難しい案件を避けるところもある中、松川先生は積極的に難病など難しい案件も受任して結果を出しているところが素晴らしいと思います。

申請件数も150件以上あり、明朗会計で追っかけ営業は一切行わない、と言われ職人気質で実直な方だという印象です。では、松川先生に障害年金にかける想いなどを聞いてみましょう。

土橋：松川先生はなぜ、障害年金を生業にされているのですか？

松川：生まれ育った千葉の地で、いつか資格を活かして地元に恩返ししたいと思ってました。特に企業相手というよりも個人（エンドユーザー）と直接やり取りしたい気持ちが強かったです。

土橋：地元千葉以外にも、隣接の茨城も対応しているということですがどのような思いですか？

松川：以前は、障害年金の審査は都道府県別に行われ、県ごとに難易度が異なっておりました。その中でも茨城県の難易度は群を抜いて高く、全国でワースト3の不支給率（約23％）を誇っていました。その隣の栃木は全国で一番通りやすい県で不支給率も（4％程度）、住所が道路一本隔てるだけで6倍もの差があるのは許せなかったからです。

また私が障害年金のサポートを始めた頃（平成25年頃）は茨城県内で障害年金を取り扱う社労士が少なく、このため隣接県のサポートも行っていました。

土橋：無料出張面談というのは私を含めてほとんどの社労士事務所が行っていないと思います。千葉県内だけでも南北広いですし、茨城県も相当広いです。場所をいとわず訪問する姿勢はどんな思いなのでしょうか？

松川：障害年金は当然ですが、病気やケガで生活に支障が出ている方が申請します。申請をしたくても自宅から出られない方も、入院している方もいます。事務所に来てもらった方が効率はいいのでしょうが、このように行きたくても行けない方がたくさんいらっしゃいます。行けないから申請できない・申し込みできないというのは違うのではないでしょうか？　このように苦労されている方こそ、この「光の当たらない制度」を利用していただきたいのです。そのためなら、どこへでも伺います。

土橋：郵送でもやり取りはできますが、いかがお考えですか？

松川：その方が効率的なのでしょうが、お会いすればその方の障害状態を直接その場で確認できると思いませんか？　もちろん本人の希望や病状を踏まえてにはなりますが、私は病気の種類を問わずに受託しているので、できるだけ直接病状を把握するようにしています。医師にお渡しする資料や申立書を作成するためでもありますが、それが結局はクライアントに最善の結果を提供する上で役に立つと思っています。常にクライアントファーストで考えるようにしています。

土橋：病気の種類にこだわらず難病系も積極的に受託されていますが、どのような思いですか？　あまり難病系をやりたがらない社労士もいると聞いたことがありますが…

松川：難易度の高い案件の問い合わせの多くは、他の社労士事務所に相談して断られてから来るというケースがほとんどです。同県の他の社労士さんに難案件は受けないと言われた方が何十人もいます。
私は「効率」とは無縁の人間でして、損得勘定の感覚がほとんどありません。また、障害年金の準備はなかなか想定通りに進まないことが多く、簡単に思えていた案件が難しかったり、その逆もあります。ですので案件の難易度での優劣は付けていません。

土橋：料金に関してですが、松川先生は着手金＋報酬という形態ですが、最近着手金無料のところが増えていますが、どう考えていますか？

松川：障害年金の申請を行うまでには、面談をして資料をつくり、年金記録を確認し、医師とのやり取りをしたり申請に行くなど、組み立てから申請までにものすごい労力がかかります。この労力が無償だとしたらさすがに業務は成立しないと思います。近頃着手金無料と謳いつつ、手数料名目で逐一別料金を取る事務所があると聞きますが、依頼する側からすると事前に予想できない料金が後から発生するというのはいかがなものでしょうか？　何事においてもわかりやすさが大事だと考えており、明朗会計も当然だと思います。

土橋：不服申立てにも取り組まれていますが、業界では取り扱わない社労士も相当数いると聞きます。どのような考えで取り組まれていますか？

松川：認定にはブレがあり、すべてが予想通りの結果が出るわけではありません。不本意な結果になったときは、私はもちろん、クライアントが一番悔しいのではないでしょうか。最近の不服申立てはなかなか容認が出ず、難化傾向なのは承知の上で取り組んでいます。もちろん覆せるように最善を尽くしますが、仮に決定が変わらなかった場合でも、クライアントも障害年金にケリをつけて次に進めると思うんです。精神的な落としどころをつける役目でもあります。このとき、すでに初回の申請から1年以上経過していることが多く、クライアントとの人間関係は構築されています。松川先生に頼んでここまでやってもらって、ダメだったら仕方がない。次へ進もうとなっていただけるようです。

また、不服申立ての段階では国の保険者と直接対面でやり取りし、そこでのやり取りが最新情報の入手にもなりますし、実務能力の向上にも大いに寄与していると思います。

土橋：そんな障害年金職人と言ってもいいほど、頑固でこだわりをもって取り組む松川先生にとって、この業務の醍醐味は何ですか？

松川：何といってもクライアントに感謝されることですよね、泣いて感謝されるなんて他の業務では絶対にありえないです。冒頭で申し上げたエンドユーザーの役に立てていることが、資格業とし冥利に尽きますし、地元への恩返しにもなっていればと思います。

仕事面においては、職人魂みたいなものがあって、「オレじゃないと、できるわけがない」と思って医学書を漁って時を忘れてしまうこともしばしばです。

取り組んでみて、見識が広がるのも醍醐味の1つですね。また、理不尽な制度や認定と思うことも多々あって、正解がないものに対して仮説を立てて取り組んでみるのも職人としてやりがいを感じます。この仮説を立てて検証していくプロセスは子供の頃から趣味の魚釣りと似ていると感じます。障害年金もまさにその姿勢で日々試行錯誤を繰り返しています。

社労士のタイプ

今回は現役2名の社労士のインタビューを掲載しましたが、障害年金を扱う社労士の想いは千差万別です。社労士を探す際にはプロフィールや想い、発信しているブログなどを確認してみるとその方の人となりがわかります。繰り返しになりますが、依頼する社労士との相性が大事なのでどのような想いで活動しているのかに着目してください。私は社労士には次のタイプに分かれると思います。

①　職人気質タイプ
曲がったことが嫌いで、どんなに難しい申請でも医学書を読んででも解を導き出そうとしてくれます。（松川先生）

②　想いの共感のタイプ
あまり争いをせず、依頼者と共感を構築しようとします。（小矢田先生）

③　徹底抗戦タイプ
不服申立てはもちろん裁判を行ってでも国と全面対決するタイプです。不本意な決定に対して最後の最後まで戦ってほしい場合は重宝します。ただ長期化するので費用が高額化することとこの間の病状悪化が懸念点で相当な覚悟が必要です。

④　専門追求型タイプ
私のような精神疾患専門で掘り下げ、年金制度のみならず医学的な知見、申請完了後の生活面・健康面でのアドバイスやアフターフォローなども事例・情報提供を行う。徹底的に狭く、深くという考え方です。

第６章まとめ

◆難しい判断が必要な場合は社労士に相談したほうがいい場合がある。
◆社労士は年金に関するプロフェッショナルである。
◆社労士も十人十色で各自方針が違うので、相性を見極める。
◆社労士を選ぶ際に何を重視するか決める（場所、距離、値段、専門性など）。
◆料金については、着手金無料の社労士のサービスは後からどのような料金が発生するのか事前に説明してもらう、契約時の事務手数料についても注意。

コラム⑦　医師が障害年金に積極的でない理由

障害年金の存在を医師から聞いて知るケースは実は多くありません。多くの方が、障害者手帳や自立支援などの手続をしながら、市役所の方に教えてもらったり、自宅療養されている方がネットで経済的な支援制度を調べていたら偶然知ったというケースです。

なぜ、医師は障害年金の存在を教えてくれないのでしょうか？　私が医療現場で医師と向き合っていて感じた理由をご紹介します。

①　障害年金の専門家ではない

医師は障害年金以外にも障害者手帳や自立支援、生活保護、職安、生命保険、その他多種多様の診断書を取り扱います。診察することが主であり、障害年金の診断書は数ある中の1つという認識で、障害年金自体に特別詳しいわけではありません。障害年金に関する研修があるわけでもないようです。

②　面倒である

数ある診断書の中でも障害年金の診断書は記載項目が多く、できれば書きたくないのが本音。

③　責任が取れない

患者から頼まれれば書くが、せっかく書いたところで審査は別の認定医が行うため自分で結果の保証ができない。患者の費用負担も高額になるため自分から積極的にすすめることはない。

このような理由で障害年金の存在を医師以外から知るケースが多いようです。

第7章

これだけは聞いておきたいQ&A

Q：診断書は開封していいの？

A：封がしてあってもすぐに開封しましょう。役所の窓口で些細な記入漏れや誤記でも手直しを命じられることが多いので、記入漏れがないかをしっかりと点検しましょう。
また、申請する際には必ず診断書を含めたすべての書類のコピーを取りましょう。後日の問い合わせ時や更新、不服申立て時に必要なケースが多々あります。

Q：精神障害者福祉手帳を持っていなくても申請できるの？

A：できます。精神障害者福祉手帳（以下、手帳）と障害年金は別の法律による福祉制度です。特に手帳を先に取得していなくても障害年金の申請は可能です。

Q：手帳が3級だと障害年金も3級になりますか？

A：いえ、相互関係はありません。手帳の等級は自治体によって相当のばらつきがあるので、手帳が3級でも年金が2級になることもあります。この場合、後日2級の年金証書があれば手帳も2級に繰り上げることができます。しかし、その逆はありません。

Q：医師に入院してないと受け取れないよ、と言われましたが入院は必須ですか？

A：いえ、必須ではありません。日常生活能力の点数によって等級の目安に振り分けられ、その後総合判定で個別の要素によって決定されます。入院に関してはこの総合判定の一要素に過ぎません。入院していないと2級にならないという見解の医師も多く、誤解が多いところでもあります。

Q：服薬量によって決まりますか？

Ａ：特に薬の量で決まることはありません。総合判定の一要素に過ぎません。薬物抵抗性があって服薬されていない方や産前産後で服薬を控えている方などは診断書に書いてもらったほうがいいと思います。処方薬の記載がなくても不備にはなりません。（一部の共済組合では処方薬の記載が必須で、また血液検査結果を求めてくるところもあります）

Ｑ：障害年金は一生もらえますか？

Ａ：必ずしも一生もらえるものではありません。あくまで「状況に応じて」もらえるものです。精神疾患においては1～5年間の更新によって継続審査がされます。更新月は誕生月となっており1～2年程度の短めの設定が多いです。更新時には3ヶ月ほど前に年金機構から専用の診断書用紙が送られてくるので早めに医師に依頼をしましょう。更新時の病状や就労状況によって等級が変動していきます。

Ｑ：障害年金受給すると、老後の年金は目減りしてしまうのでしょうか？

Ａ：目減りはしません。障害年金は老後の年金の前渡しの制度ではありません。

Ｑ：傷病手当金を受け取っているともらえませんか？

Ａ：障害厚生年金の方は重複する期間は併せてもらうことはできません。障害基礎年金の方はできます。

Ｑ：傷病手当金をもらっている場合、障害年金は終わってから申請したほうがいいですか？

Ａ：重複する期間でも早めに障害年金の申請をすることをすすめています。

なぜなら、障害年金の申請をして入金されるまで5ケ月近くはかかるので、傷病手当金が終わる間際に申請すると無収入の期間が生じるからです。重複してもその分を後から返金すればいいので、条件を満たす間に申請したほうがいいと考えます。

Q：生活保護を受けている場合、障害年金を受けたほうがいいですか？

A：福祉の順序としては障害年金が受けられるのであれば先に受けて、それでも足りない場合は生活保護から差額が支給されます。障害年金のほうが役所からの干渉がなく自由度が高いことなどを理由に、年金申請を希望する方が多いです。自治体によっては社労士の報酬を経費として認めてもらえるところがあるので社労士を利用する場合は必ず事前に担当者に相談しましょう。

Q：過去5年分もらえますか？

A：誤解が多いのが遡及請求（障害認定日請求）についてです。正確に言うと、初診日から1年6ケ月経過した障害認定日の時点で決定がされます。平成10年頃が認定日なら約20年分、平成20年であれば約10年分の認定が出て、年金証書にもそのことが書かれております。しかし実際受け取れるのは20年分ある人でも10年分ある人でも時効で5年分が限度です（図表44参照）。ですので、認定日から2年くらいの方は、5年分受給できるわけではないですし、また、20年通院しているけど、5年前の診断書を出して、5年分だけ受け取りたいということもできないのです。5年という数字がひとり歩きしていることが多いのですが、あくまで認定は障害認定日にはなるのですが、支払いの最高は5年で打ち切りということです。

〔図表44　５年遡及の図解〕

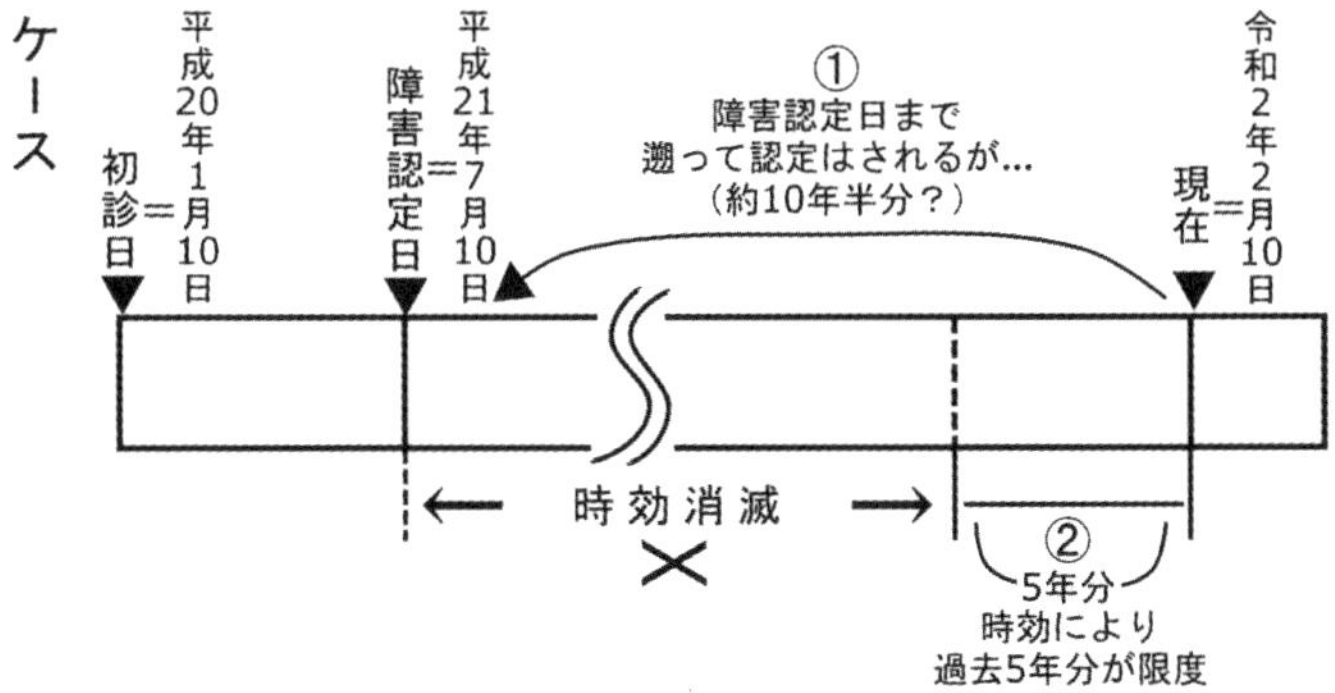

Ｑ：働いていたらもらえませんか？

Ａ：一番多い質問ですが、受給できる場合もあり、できない場合もあります。厚生年金のほうは軽めの３級というものがあり、アルバイトやパート、障害者枠で就労している方にも十分可能性があります。国民年金のほうは３級がなく、２級の該当が必要のため、就労は不利な事項であることは間違いありません。ただ、パート程度の働き方であれば、医師の診断書の内容次第で受給できる場合もあります。しかし、特に就業上配慮のない一般就労の正社員の方についてはどちらにしても対象にはなりにくいです。

Ｑ：受給後に働くと、年金は返納ですか？　止まりますか？

Ａ：受給が決まると、次回の更新年月が国より設定されます。次回更新までの障害年金は確定した権利なので、受給後に働いたとしても、返納する必要もなく、止まることもありません。ただ、初診日が20歳より前にある方については、国民年金の中でも所得制限が付く制度の年金なの

〔図表45　所得制限の図解〕

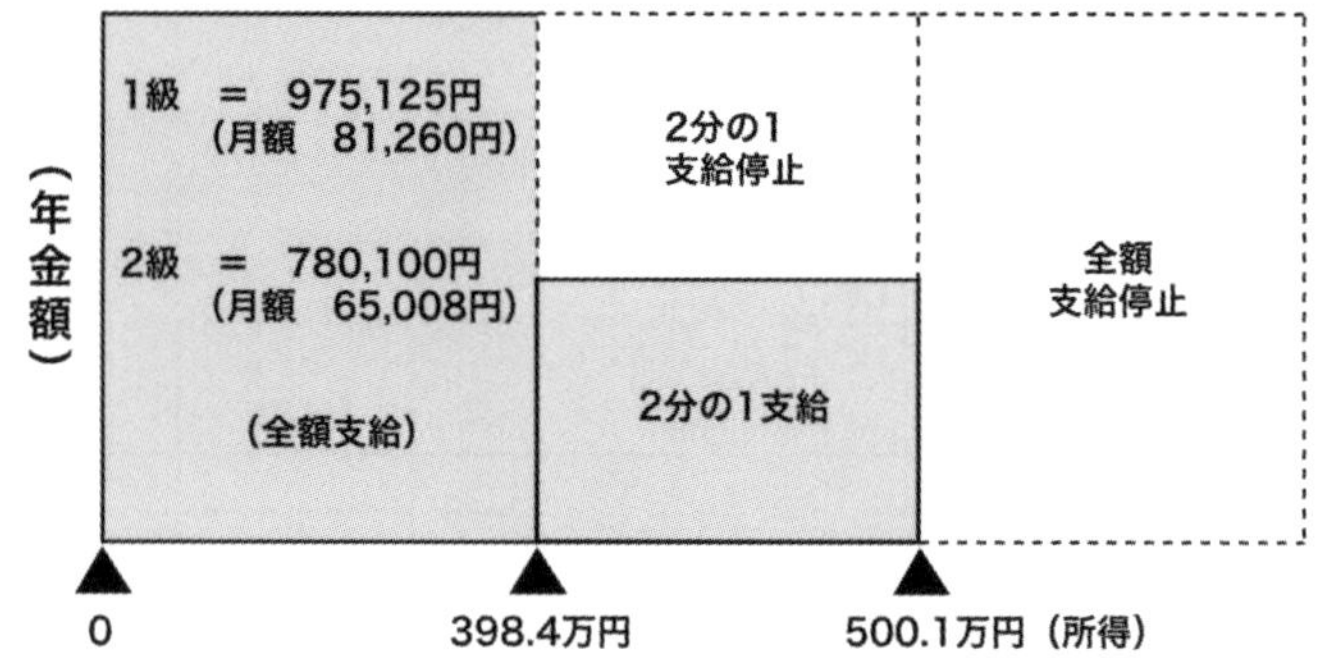

（注）所得は2人世帯で給与所得の場合です。

で収入によっては止まってしまうこともあります。

Q：所得制限について詳しく教えてください。

A：20歳前の国民年金の制度で申請した方が対象で、図表45のように一定額を超えると2分の1停止または、全額停止の2段階になっています。令和元年よりマイナンバーと年金情報との連携が始まり、年金機構も受給者の所得情報の確認ができるようになりました。

Q：失業手当と併給できますか？

A：傷病手当金のように併給・返還規定はありませんが、失業手当と障害年金は制度の趣旨が逆のものになります。失業手当は、働く意思や能力があるのに就業できないことが要件で、能力の中に健康であることも含まれます。したがってこれから療養される方にとっては、要件に当てはまらないと思います。特に2級該当の方は、基本的に就労して収入を得ることができない状態という認定基準の規定があるので、失業手当の要件に合致しないと思われます。

この場合でも、最大3年間、雇用保険の受給期間の延長の手続ができるので忘れずに行っておきましょう。再就職できる状態になれば、あらためて失業手当を利用することができるようになります。３級の方は労働能力が喪失していませんので、医師と相談してみるとよいかと思います。

Ｑ：障害年金は非課税って本当ですか？

Ａ：はい。障害年金や遺族年金は非課税収入とされているので、収入が障害年金だけの場合には、所得税の確定申告は不要です。ただし、税金の面では非課税ですが、社会保険の扶養の判定においては収入に含まれます。通常、社会保険の扶養に加入するには収入１３０万円未満であることが必要ですが、障害者の方はこの枠が１８０万円未満となります。

障害年金で月額ベース15万円を超える金額の認定が出ると、年収１８０万円を超えてしまうことになるため、例えば、ご主人の扶養であった奥様などは健康保険証を返納して、自分で国民健康保険の加入手続をする必要があります。また、国民年金の第三号被保険者からも外れるので、第一号被保険者の手続をする必要があります。

Ｑ：初診日は任意に選べますか？

Ａ：選べません。複数の病院を受診している方が、一番目より、例えば三番目の病院を初診としたほうがより有利な制度で出せるからとか、一番目を初診とすると年金を払ってないから二番目を初診とできないか？　という質問がよくあります。今のご病気の一番初めにかかかった病院が初診日であり、転院していても任意に選ぶことはできません。自分で申請するときにも病歴を正確に申告して申請しないと不正受給になってしまう恐れがあるので注意してください。

Q：初診日は、確定診断を受けた日ですか？

A：これが平成30年頃までのお話でしたら、NOでした。

例えば、初診日が内科で睡眠薬を処方されて不眠症の診断に、その後、精神科の受診を医師にすすめられて転院した場合に不眠症で受診した日を初診日として相当因果関係がありと認めてもらえました。また「精神科の受診をすすめた日」を書いてもらって、その日で初診日の認定が得られていました。しかし、平成31年～令和元年頃から特に法令が変わったわけではありませんが、「確定診断主義」に近い運用になっている印象です。

私が扱った事案では、内科で「精神科の受診をすすめた日」を書いてもらい、初診で出しましたが後日、役所から指摘があり、「精神科の受診日」が初診日であるとされました。また、内科で「精神科治療を行っていたのであれば」追記してください、の文言もありました。つまり、内科などの専門科以外の病院の場合は具体的な治療内容を確認するようになったものと考えられます。

この初診日が変わる影響は実務上かなり大きく、初診日が変わることにより、

① 厚生年金で出していたのが、国民年金に制度が変わってしまう。

② 障害認定日（初診日から1年半）が先になってしまうというケース。

③ 最悪なケースでは、初診日がずれることで、その指摘された初診日では年金の納付要件を診たさず、申請ができなくなる恐れもあります。

Ｑ：初診日の取り扱い変更による不利益を教えてください

Ａ：確定診断に近い運用がなされると、右記①～③以外にも、次のような弊害があります。

④　確定診断が出るまでに年数がかかることが多い。

⑤　さらに、地域差が出る恐れがある。

内科などの専門医でない病院での通院歴が長いと、確定診断に年数がかかることが考えられます。また都市部よりは地方の方が医療過疎などの問題もあって、確定診断まで年数がかかることがあり、お住いの地域で確定診断、初診日に差が出てくることが考えられます。

実際に精神疾患以外の難病などで、軒並み確定診断主義に移行しており、今まで通っていたものが通らなくなってきている現象に社労士も直面しています。申請する際には、初診日が変更される可能性もあることを指摘して、複数の申請パターンを考えたほうがいいでしょう。

Ｑ：長男が知的障害で20歳になってすぐ、診断書を書いてもらえました。発達障害の二男は受診していませんが、すぐに書いてもらえるのでしょうか？

Ａ：障害年金の制度上、発達障害も知的障害も共通して「先天性」の疾患とされています。しかし、初診日の取扱いに関しては別で知的障害の方であれば受診されていなくて20歳以後、いつでも診断書を書いてもらって申請できますが、発達障害の場合はうつ病などと同じく初診日から１年半経過することが必要なので、すぐには申請できないという違いがあります。

Ｑ：申請して３ヶ月以上経つのにまだ結果が来ないいんですけど…

A：障害年金進捗確認ダイヤル（03‐5155‐1933）に電話すると審査状況を教えてもらうことができます。基礎年金番号を忘れずにお伝えください。経過は教えてもらえますが、結果は電話では教えてもらうことはできません。年金証書などの書類での確認になります。

Q：同じ病院に通院していますが、診断書と受診状況等証明書2通必要ですか？

A：受診状況等証明書は不要です。診断書が兼ねます。第2章の診断書1通または2通のパターンを参照ください。

Q：役所が診断書の用紙をくれないのですが…

A：通院歴などによって取得する医証の種類や場所が変わってきます。自己判断で取得した診断書の病院や日付が間違っている場合また取り直しになってしまいます。また、医証の取得には費用も発生してしまうので、役所も慎重に病歴を確認しながら書類の交付をしているそうです。

Q：私は公務員で申請するのですが、年金事務所でいいのですか？

A：いいえ、国家公務員や地方公務員、私学共済の方はそれぞれの実施機関にて審査されるので、各共済組合に問い合わせてください。審査も独自のやり方で行っています。

Q：ネット専業銀行で障害年金は受け取れますか？

A：令和2年3月現在、5行が対応しています。ソニー銀行、楽天銀行、住信ＳＢＩネット銀行、イオン銀行、ジャパンネット銀行。大手銀行の通帳レスタイプの場合は、詳細が載っている画面プリントを提出すれば利用が可能です。

あとがき

出版の企画をしてから本書が世に出るまで諸事情で実に1年半以上の月日が経過してしまいました。

私は障害年金の業務を東日本大震災翌年の２０１２年から行っています。同期の同業からの一言がきっかけでした。また、同時期にうつ病の知人が障害年金の受給をして生活が助かった、という話を聞いて、精神疾患で経済的に困っている方は相当数いるのではと考えました。

しかしその当時障害年金に関するＨＰは数えるほどで専門的なサイトはなく、今より格段に情報も少なく障害年金を知らない方が多いであろうと思いました。

そこで、日本で初めて「うつ病等精神疾患専門」の障害年金サイトをリリースしました。すると想像をはるかに越える反響で8年間で申請手続が７００件以上、相談ベースでその10倍の８０００件以上はいただきました。私とパート事務員1人のたった2人の事務所体制で来る日も来る日も対応してきました。

そして冒頭の悲痛な叫びが思い出されます。

「私はこのまま生きていていいのでしょうか？」

「本当に死にたいわけではない、生きたいんだ、助けてくれ…」私にはそのように聞こえました。

そうか、障害年金は経済苦の解決だけではなく自尊・希望・社会との繋がりでもあるのだ、と。

障害年金を受給したクライアントは経済的な解決の他にも「自分が認められた気がする」とよく言います。逆に相当しんどい闘病生活をされているのに医師に軽い診断を受けると自分を否定された気になると言われます。自尊の問題でもあるのだ、と都度新たな気づきに出会ってきました。

その一方で経済苦を解決しても病気が治らない…この現実に対してどう向き合えばいいのだろうか？　と自問自答をしておりました。

ただでさえ、少子高齢化で現役世代の働き手の数が減っている中、病気で働けない方が増えてしまうと社会的な損失だと考えます。そこで医者でもない私に何かできることはないだろうかと、心理カウンセリングを行ったり、リンパ療法師として治療活動も行ってきました。

そして本書の執筆です。私は現場で北は北海道から南は沖縄までこの8年間で数百軒以上、数百人以上の精神科医と接し続け、様々な知見を得てきました。

また、８００人近いクライアントの事例も蓄積されました。皆さんは診察室で隣に座っている人が何年通院してどんな治療を行なっているのか、そして病状がよくなっているのか悪くなっているのかを知る由もないと思います。医師も他の患者の事例を話すことはありません。しかし私のクライアントには脱うつして社会復帰していった方が何人もいるのです。

私は、「治っていった方もいるんだよ、頑張って立ち上がっていった人も何人もいるんだよ、あなたにもできるんだよ」という声を届けたかったのです。

そこで今回は段階的に社会復帰したクライアントにインタビューして生の事例を掲載させていた

だきました。

おそらく、抑うつのどん底にいらっしゃる方が良くなったエピソードを読んでさらに自責の念に駆られる方もいらっしゃるとは思います。

そのような方も、本を読む気力が湧いたとき、そういえば治った方の事例があったなと思い出してみてください。うつ病の病相期には波があり、また各自にも段階があると思います。

インタビューに協力してくれた方の声は時が経過しても色褪せずに本紙面にてあなたと対面することを待っていてくれるでしょう。

今回は障害年金の手続本の側面を維持しつつ、可能な限り事例とインタビューに重きを置いて執筆してみました。数百人の医師面談から得られたお話や知見などは、私一人で持っていても何の役にも立ちません。多くの方にシェアして役に立てれば、と思ってクライアントの言葉や自分の頭に浮かんだ言葉を掴まえて落とし込む作業を令和2年1月17日〜4月6日にかけて行いました。

不思議と80日間筆が止まることもなかったのは、クライアントの言葉を届けたかったり、現場で日々活躍している社労士の声をあなたに届けたかったからです。

ただし、本書の執筆はとても1人で実現したものではありません。様々な協力者のおかげで形になりました。

株式会社アームズ・エディション菅谷信一さん、有限会社インプルーブ小山睦男さん、社会保険労務士小矢田由希さん、社会保険労務士松川裕馬さん、そして事例提供やクライアントインタビューを快諾してくださったUさん、大阪府のYさん、福島県のKご夫妻、行政書士の開業をされたAさん、神奈川県のIさん、見事脱うつした大阪府のMさん、イラストを短期で作成してくださった木内さん、最後に超特急で校正をしてくれたファシリテーション株式会社・特定行政書士の澤田隼人さんどうもありがとうございました。

また、日々私が全国を回っている間も、執筆している間も私のちっぽけな事務所を守ってくれているただ1人のスタッフNには感謝しかありません。

協力してくださった方々の闘病体験がいつか、どこかであなたの手に届き、社会復帰の第一歩のきっかけになれば著者としてこれ以上の喜びはありません。

2020年6月吉日

土橋　和真

土橋和真からのお知らせ
読者プレゼントがあります！

障害年金の申請で使用する診断書や病歴・就労状況等申立書、その他申請で使用する細かい様式までダウンロードできるようにしました。下記よりパソコンからアクセスしてください。不服申立ての様式も載せております。

また、障害認定基準や精神の障害に係る等級判定ガイドラインや診断書の記載要領など自分で行うとしたら読み込んだ方がいいものもまとめてあります。

https://www.nenkin109.com/tokuten/

役所サイトに点在してあるものを集約しておきましたので探す手間が省けるでしょう。また役所の方から書類をもらえなかったという方も事前にご覧になることができると思います。どうぞ利用してください。

また、読者特典として、一番作成に難儀する病歴・就労状況等申立書のひな型も、うつ病と発達障害の二種類掲載しましたので参考にしてください。

※　令和２年６月現在の情報です。時間が経過してご覧になっている方などは必ず最新の情報を役所のHPなどで確認してください。書式に関する質問は受け付けていないので自己責任で使用してください。

障害年金オフィスたくみ　著者情報
・ＷＥＢサイト https://www.nenkin109.com/
・ツイッター　https://twitter.com/nenkin109
・ブログ　https://ameblo.jp/takumi-jimu/
〒252-0804
神奈川県藤沢市湘南台１－１５－２２ガーデンパレス湘南台２０３号
TEL0466-54-9614（平日10～17時）

ご自宅で、または待合室で、

土橋和真　で検索またはQRコードからアクセスしてください。

著者略歴

土橋　和真（どばし　かずま）

神奈川県出身。障害年金オフィスたくみ代表。

フリーター時代の24歳で創価大学法学部通信教育部に入学して法律の世界と出会い在学中に行政書士・宅建と合格。卒業後、平成17年行政書士で独立。

その後平成20年に社労士試験に合格し即登録。

震災の年に同期の誘いを契機に障害年金というライフワークと出会う。日本で初めて精神疾患専門の障害年金サイトをリリースし北海道から沖縄まで毎年100件以上の申請を行っている。不本意な決定に対して不服申立てを行い「諦めない社労士」として定評がある。

「障害年金を足がかりに1人でも社会復帰」をコンセプトとして障害年金手続のみならずカウンセリングやリンパ療法師としても活動し、縁したクライアントの「心身及び経済の健康」への寄与に独自の活動を行っている。


うつ病・発達障害等からの社会復帰に活用！

「障害年金」の本当の使い方

2020年7月1日　初版発行　　　2023年7月6日　第4刷発行

著　者　土橋　和真　© Kazuma Dobashi

発行人　森　　忠順

発行所　株式会社 セルバ出版
〒113-0034
東京都文京区湯島1丁目12番6号 高関ビル5B
☎03（5812）1178　　FAX 03（5812）1188
https://seluba.co.jp/

発　売　株式会社 創英社／三省堂書店
〒101-0051
東京都千代田区神田神保町1丁目1番地
☎03（3291）2295　　FAX 03（3292）7687

印刷・製本　株式会社 丸井工文社

●乱丁・落丁の場合はお取り替えいたします。著作権法により無断転載、複製は禁止されています。

●本書の内容に関する質問はFAXでお願いします。

Printed in JAPAN
ISBN978-4-86367-589-6